区块链技术与现代流通业融合发展研究

Research on the Integrated Development of
Blockchain Technology and Modern Circulation Industry

许贵阳 著

中国社会科学出版社

图书在版编目（CIP）数据

区块链技术与现代流通业融合发展研究／许贵阳著．—北京：中国社会科学出版社，2021.1

（中国社会科学博士后文库）

ISBN 978-7-5203-8239-7

Ⅰ.①区… Ⅱ.①许… Ⅲ.①区块链技术—应用—流通业—产业发展—研究—中国 Ⅳ.①F724-39

中国版本图书馆 CIP 数据核字（2021）第 062733 号

出 版 人	赵剑英
责任编辑	王　衡
责任校对	朱妍洁
责任印制	李寡寡
出　　版	中国社会科学出版社
社　　址	北京鼓楼西大街甲 158 号
邮　　编	100720
网　　址	http://www.csspw.cn
发 行 部	010-84083685
门 市 部	010-84029450
经　　销	新华书店及其他书店
印　　刷	北京君升印刷有限公司
装　　订	廊坊市广阳区广增装订厂
版　　次	2021 年 1 月第 1 版
印　　次	2021 年 1 月第 1 次印刷
开　　本	710×1000　1/16
印　　张	9.5
字　　数	151 千字
定　　价	58.00 元

凡购买中国社会科学出版社图书，如有质量问题请与本社营销中心联系调换
电话：010-84083683
版权所有　侵权必究

第九批《中国社会科学博士后文库》编委会及编辑部成员名单

(一) 编委会
主　任：王京清
副主任：崔建民　马　援　俞家栋　夏文峰
秘书长：邱春雷
成　员（按姓氏笔画排序）：
　　　　卜宪群　王立胜　王建朗　方　勇　史　丹
　　　　邢广程　朱恒鹏　刘丹青　刘跃进　孙壮志
　　　　李　平　李向阳　李新烽　杨世伟　杨伯江
　　　　吴白乙　何德旭　汪朝光　张车伟　张宇燕
　　　　张树华　张　翼　陈众议　陈星灿　陈　甦
　　　　武　力　郑筱筠　赵天晓　赵剑英　胡　滨
　　　　袁东振　黄　平　朝戈金　谢寿光　樊建新
　　　　潘家华　冀祥德　穆林霞　魏后凯

(二) 编辑部（按姓氏笔画排序）：
主　任：崔建民
副主任：曲建君　李晓琳　陈　颖　薛万里
成　员：王　芳　王　琪　刘　杰　孙大伟　宋　娜
　　　　张　昊　苑淑娅　姚冬梅　梅　玫　黎　元

序 言

博士后制度在我国落地生根已逾30年,已经成为国家人才体系建设中的重要一环。30多年来,博士后制度对推动我国人事人才体制机制改革、促进科技创新和经济社会发展发挥了重要的作用,也培养了一批国家急需的高层次创新型人才。

自1986年1月开始招收第一名博士后研究人员起,截至目前,国家已累计招收14万余名博士后研究人员,已经出站的博士后大多成为各领域的科研骨干和学术带头人。这其中,已有50余位博士后当选两院院士;众多博士后入选各类人才计划,其中,国家百千万人才工程年入选率达34.36%,国家杰出青年科学基金入选率平均达21.04%,教育部"长江学者"入选率平均达10%左右。

2015年底,国务院办公厅出台《关于改革完善博士后制度的意见》,要求各地各部门各设站单位按照党中央、国务院决策部署,牢固树立并切实贯彻创新、协调、绿色、开放、共享的发展理念,深入实施创新驱动发展战略和人才优先发展战略,完善体制机制,健全服务体系,推动博士后事业科学发展。这为我国博士后事业的进一步发展指明了方向,也为哲学社会科学领域博士后工作提出了新的研究方向。

习近平总书记在2016年5月17日全国哲学社会科学工作座谈会上发表重要讲话指出:一个国家的发展水平,既取决于自然科学发展水平,也取决于哲学社会科学发展水平。一个没有发达的自然科学的国家不可能走在世界前列，一个没有繁荣的哲学社会科学的国家也不可能走在世界前列。坚持和发展中国特色社会主义，需要不断在实践和理论上进行探索、用发展着的理论指导发展着的实践。在这个过程中，哲学社会科学具有不可替代的重要地位，哲学社会科学工作者具有不可替代的重要作用。这是党和国家领导人对包括哲学社会科学博士后在内的所有哲学社会科学领域的研究者、工作者提出的殷切希望！

中国社会科学院是中央直属的国家哲学社会科学研究机构，在哲学社会科学博士后工作领域处于领军地位。为充分调动哲学社会科学博士后研究人员科研创新积极性，展示哲学社会科学领域博士后优秀成果，提高我国哲学社会科学发展整体水平，中国社会科学院和全国博士后管理委员会于2012年联合推出了《中国社会科学博士后文库》（以下简称《文库》），每年在全国范围内择优出版博士后成果。经过多年的发展，《文库》已经成为集中、系统、全面反映我国哲学社会科学博士后优秀成果的高端学术平台，学术影响力和社会影响力逐年提高。

下一步，做好哲学社会科学博士后工作，做好《文库》工作，要认真学习领会习近平总书记系列重要讲话精神，自觉肩负起新的时代使命，锐意创新、发奋进取。为此，需做到以下几点：

第一，始终坚持马克思主义的指导地位。哲学社会科学研究离不开正确的世界观、方法论的指导。习近平总书记深刻指出：坚持以马克思主义为指导，是当代中国哲学社会科学区别于其他哲学社会科学的根本标志，必须旗帜鲜明加以坚持。马克思主义揭示了事物的本质、内在联系及发展规律，是"伟大的认识工具"，是人们观察世界、分析问题的有力思想武器。马克思主义尽管诞生在一个半多世纪之前，但在当今时代，马克思主义与新的时代实践结合起来，越来越显示出更加强大的生命力。哲学社会科学博士后研究人员应该更加自觉坚持马克思主义在科研工作中的指导地位，继续推进马克思主义中国化、时代化、大众化，继续发展21世纪马克思主义、当代中国马克思主义。要继续把《文库》建设成为马克思主义中国化最新理论成果的宣传、展示、交流的平台，为中国特色社会主义建设提供强有力的理论支撑。

第二，逐步树立智库意识和品牌意识。哲学社会科学肩负着回答时代命题、规划未来道路的使命。当前中央对哲学社会科学越发重视，尤其是提出要发挥哲学社会科学在治国理政、提高改革决策水平、推进国家治理体系和治理能力现代化中的作用。从2015年开始，中央已启动了国家高端智库的建设，这对哲学社会科学博士后工作提出了更高的针对性要求，也为哲学社会科学博士后研究提供了更为广阔的应用空间。《文库》依托中国社会科学院，面向全国哲学社会科学领域博士后科研流动站、工作站的博士后征集优秀成果，入选出版的著作也代表了哲学社会科学博士后最高的学术研究水平。因此，要善于把中国社会科学院服务党和国家决策的大智库功能与《文库》的小智库功能结合起来，进而以智库意识推动品牌意识建设，最终树立《文库》的智库意识和品牌意识。

第三，积极推动中国特色哲学社会科学学术体系和话语体系建设。改革开放30多年来，我国在经济建设、政治建设、文化建设、社会建设、生态文明建设和党的建设各个领域都取得了举世瞩目的成就，比历史上任何时期都更接近中华民族伟大复兴的目标。但正如习近平总书记所指出的那样：在解读中国实践、构建中国理论上，我们应该最有发言权，但实际上我国哲学社会科学在国际上的声音还比较小，还处于有理说不出、说了传不开的境地。这里问题的实质，就是中国特色、中国特质的哲学社会科学学术体系和话语体系的缺失和建设问题。具有中国特色、中国特质的学术体系和话语体系必然是由具有中国特色、中国特质的概念、范畴和学科等组成。这一切不是凭空想象得来的，而是在中国化的马克思主义指导下，在参考我们民族特质、历史智慧的基础上再创造出来的。在这一过程中，积极吸纳儒、释、道、墨、名、法、农、杂、兵等各家学说的精髓，无疑是保持中国特色、中国特质的重要保证。换言之，不能站在历史、文化虚无主义立场搞研究。要通过《文库》积极引导哲学社会科学博士后研究人员：一方面，要积极吸收古今中外各种学术资源，坚持古为今用、洋为中用。另一方面，要以中国自己的实践为研究定位，围绕中国自己的问题，坚持问题导向，努力探索具备中国特色、中国特质的概念、范畴与理论体系，在体现继承性和民族性，体现原创性和时代性，体现系统性和专业性方面，不断加强和深化中国特色学术体系和话语体系建设。

新形势下，我国哲学社会科学地位更加重要、任务更加繁重。衷心希望广大哲学社会科学博士后工作者和博士后们，以《文库》系列著作的出版为契机，以习近平总书记在全国哲学社会科学座谈会上的讲话为根本遵循，将自身的研究工作与时代的需求结合起来，将自身的研究工作与国家和人民的召唤结合起来，以深厚的学识修养赢得尊重，以高尚的人格魅力引领风气，在为祖国、为人民立德立功立言中，在实现中华民族伟大复兴中国梦征程中，成就自我、实现价值。

是为序。

中国社会科学院副院长
中国社会科学院博士后管理委员会主任
2016 年 12 月 1 日

摘　要

区块链是与互联网技术相并列的将会影响人类社会发展的重大技术。从本质上讲，区块链技术是一种价值传输规则，是以密码学、博弈论、智能合约和共识机制为基础而形成的以点对点价值传输为主要目的一系列规范和准则的集合，它具有去中心化网络、分布式账本、不被篡改等主要特点。

中华人民共和国成立70多年以来，中国流通业的发展成就令世人瞩目。流通业在国民经济发展中的地位和作用不断提升，随着流通业的不断发展，产业地位实现了由末端到先导的转变，逐渐成为满足人民群众对美好生活向往进程中的重要力量。流通业发展的规模和质量日益扩大主要表现在：流通的总量规模实现了巨大的增长，促进了消费增长；流通主体多元，业态丰富；集中度逐渐提高；业态极大拓展和商业模式创新不止；数字化创新成果丰硕；对外开放成效显著；对实体经济的协同发展格局已经形成；流通业对国民经济的辐射带动作用日益明显，显著促进了经济增长，改善了社会就业，促进了消费升级。

区块链技术在流通业的应用耦合度较高。一是从政策背景上看，近年来，在国家实施"互联网＋"战略的大背景下，现代流通业的发展方式和前景得到了前所未有的丰富和拓展，流通业的信息化技术应用水平显著提高。二是从产业自身发展规律上看，区块链技术最适合的应用场景是多利益主体参与的环境，现代流通业发展的基础功能应该是起到促进资源要素和价值分配的高效流动和合理分配，链接行业上下游的信息、要素和价值传递的作用。三是供给侧结构性改革。商品供给总量过剩，但高端优质商品仍然短缺，这是由现代流通业在发展过程中普遍存在的资源配置效率较低、产业化进程中的技术支撑力度不够等造成的。四是共享经济思维。现代流通业借助区块链技术的应用，无论是从生产资料的共享，还是从销售渠道和市场信息的沟通来看，区块链技术系统的应用都以共享经济的思维方式推动了现代流通业资源要素的重新配置，提升了产业效能。

  区块链技术在流通业的应用场景十分广阔。在上下游贸易中，供应链天生在时间和空间上对区块链技术有依赖性。用区块链技术可提高贸易效率，加强风险管控水平，降低全产业链条交易成本。在仓储物流方面，区块链可以用来优化大宗商品的质量控制和供应链管理。区块链可以提高效率、减少失误、实现仓储物流系统转型，包括物流、货源、仓单管理和质量控制、采购等。在电商环节，生产、流通、消费环节信息全共识，消费者开启"上帝视角"。供应链结合区块链的关键驱动因素是节省成本，增强可追溯性和提高透明度。在运输业领域，相关企业采用区块链技术之后，可以对所运输的货物实现全天候的全面跟踪，大大提高了上下游的协同水平和用户体验满意度。在商品追溯领域。可以基于区块链、物联网技术搭建溯源区块链平台和基础设施，全周期链上彻底链接的生产、流通和消费各环节，建立了一套全天候、立体化、全面追溯的商品溯源系统。在流通主体融资方面，基于区块链技术的预付款融资模式、存货类融资模式和应收账款融资模式可以有效解决不同利益主体之间的信用缺失问题，解决流通主体的融资需求。在支付结算方面，用区块链技术可以进行贸易交易的风险管理，降低交易风险，增加交易透明度，提供审计跟踪，并可显著降低交易成本、缩短交易时间。

  区块链技术与现代流通业融合发展的政策建议，一是尽快建立行业应用标准。建立相应的行业应用规范和标准，其主要原则有创新引领、技术推动和协同发展。二是完善数字经济监管体制。在建立区块链技术应用标准的同时，还应该加强监管，应在技术层面、法律层面及监管层面着手。三是加快区块链技术基础设施建设。区块链基础设施将成为保障区块链生态健康高质量发展应用的重中之重。四是培养专业人才。区块链领域的战略型、应用型人才明显不足。五是培育技术应用龙头企业。推进集群发展，构建由平台型龙头企业、技术型创业创新企业、应用型信息服务企业构成的企业梯队和产业生态。

关键词： 区块链　流通业　融合发展

Abstract

Blockchain is a major technology that is tied with Internet technology and will affect the development of human society. In essence, blockchain technology is a type of value transmission rule. It is a set of specifications and guidelines based on cryptography, game theory, smart contracts, and consensus mechanisms, with the main purpose of point-to-point value transmission. It has the main characteristics of decentralized network, distributed ledger, and cannot be tampered with.

In the 70 years since the founding of the People's Republic of China, the development of China's circulation industry has attracted worldwide attention. The status and role of the circulation industry in the development of the national economy have been continuously improved. With the continuous development of the circulation industry, the industrial status has realized a change from the end to the leader, and has gradually become an important force in satisfying the people's longing for a better life. The increasing scale and quality of the development of the circulation industry are mainly manifested in the following: the scale of the total volume of circulation has achieved tremendous growth, which has promoted consumption growth. The main body of circulation is diversified and the business forms are rich. The concentration has gradually increased. Great expansion of business formats and more than business model innovation. Fruitful digital innovation. The opening up has achieved remarkable results. A pattern of coordinated development of the real economy has taken shape. The role of the circulation industry in radiating the national economy has become increasingly apparent, significantly promoting economic growth, improving social employment, and promoting consumption upgrades.

The application degree of blockchain technology in the circulation industry is relatively high. First, in terms of policy background, in recent years, in the context of the country's implementation of the "Internet +" strategy, the development mode and prospects of modern circulation industry have been unprecedentedly enriched and expanded, and the level of application of information technology in the circulation industry has significantly improved. Secondly, from the perspective of the industry's own development law, the most suitable application scenario for blockchain technology is an environment where multi-stakeholders participate. The basic function of the development of modern circulation industry is to promote efficient flow and reasonable distribution of resource elements and value distribution, link the role of industry upstream and downstream information, elements and value transfer. The third is supply-side structural reform. The total supply of goods is excessive but high-end and high-quality goods are still in short supply. The reason behind this apparent phenomenon lies in the low efficiency of resource allocation generally existing in the development process of modern distribution industry and insufficient technical support in the process of industrialization. The fourth is the thinking of sharing economy. With the application of blockchain technology inmodern circulation industry, no matter from the sharing of production materials or the communication of sales channels and market information, the application of the blockchain technology system has promoted the renewal of the elements of modern circulation industry resources in a sharing economy way of thinking. Configuration to improve industrial efficiency.

The application scenarios of blockchain technology in the circulation industry are very broad. In upstream and downstream trade, the supply chain is inherently dependent on blockchain technology in time and space. Use blockchain technology to improve trade efficiency, strengthen risk management and control, and reduce transaction costs for the entire industry chain. In terms of warehousing and logistics, blockchain can be used to optimize the quality control and supply chain management of commodities. Blockchain can improve efficiency, reduce errors, and realize the transformation of warehousing and logistics systems, including logistics, supply, warehouse receipt management and quality control, procurement, etc.. In the e-commerce sector, there is a consensus on information in the production, distribution, and consumption links, and consumers open a "God perspective". The key drivers of supply chain integration with blockchain are cost savings, enhanced traceability and increased transparency. In the field of transportation industry, after the relevant companies adopt the blockchain technology, they can achieve full-time tracking of the goods being transported, which greatly improves the upstream and downstream collaboration level and user experience satisfaction. In the field of product traceability. Based on the blockchain and Internet of Things technology, a source-tracking blockchain platform and infrastructure can be established, and the production, circulation and consumption links of the full-cycle on-chain are completely linked. A set of all-weather, three-dimensional, and fully-traceable commodity traceability system has been established. In terms of financing of circulation entities, the advance payment financing mode, inventory financing mode, and accounts receivable financing mode based on blockchain technology can effectively solve the problem of lack of credit between different stakeholders and the financing needs of circulation entities. In terms of payment and settlement, the use of blockchain technology can carry out risk management of trade transactions, reduce transaction risks, increase transaction transparency, provide audit trails, and significantly reduce transaction costs and shorten transaction time.

The policy recommendations for the integration and development of blockchain technology and modern circulation industry are as follows. First, establish industry application standards as soon as possible. Establish corresponding industry application norms and standards, the main principles of which are innovation leadership, technology promotion and coordinated development. The second is to improve the digital economy supervision system. While establishing the blockchain technology application standards, supervision should also be strengthened, starting at the technical, legal, and regulatory levels. The third is to accelerate the construction of blockchain technology infrastructure. Blockchain infrastructure will become the top priority for ensuring the high-quality development and application of blockchain ecology. The fourth is to train professional talents and increase training. The demand for talents in the field of blockchain is extremely lacking in strategic and application talents, and there is a clear shortage of strategic and application talents. The fifth is to cultivate leading enterprises in technology application. Promote cluster development and build an enterprise echelon and industrial ecosystem composed of platform-type leading enterprises, technology-based entrepreneurial and innovative enterprises, and application-oriented information service enterprises.

Key words: Blockchain, Circulation Industry, Integrated Development

目　录

第一章　区块链技术原理与产业应用可行性分析 …………（1）

第一节　区块链的技术原理和主要特点 ……………………（1）
　　一　技术原理 ………………………………………………（1）
　　二　主要特点 ………………………………………………（14）
　　三　演化与分类 ……………………………………………（22）

第二节　区块链技术的产业应用可行性分析 ………………（25）
　　一　技术可行性分析 ………………………………………（25）
　　二　成本可行性分析 ………………………………………（29）
　　三　组织可行性分析 ………………………………………（31）
　　四　风险可行性分析 ………………………………………（34）

第三节　区块链技术与现代流通业融合发展的理论诠释 …（37）

第二章　现代流通业发展现状和问题 …………………………（38）

第一节　现代流通业发展现状 ………………………………（38）
　　一　现代流通业的地位和作用不断提升 …………………（38）
　　二　现代流通业的规模和质量日益扩大 …………………（41）
　　三　现代流通业辐射带动作用愈加明显 …………………（45）

第二节　现代流通业发展中存在的问题 ……………………（47）
　　一　要素配置效率不高 ……………………………………（48）
　　二　信息孤岛现象明显 ……………………………………（50）
　　三　流通组织程度不高 ……………………………………（52）
　　四　信用体系仍不健全 ……………………………………（53）

第三章　区块链技术与现代流通业融合发展的动力来源、机制设计与路径分析 (56)

第一节　区块链技术与现代流通业融合发展的动力来源 (56)
　　一　区块链技术成为国家战略的时代背景 (56)
　　二　现代流通业自身改革发展的迫切需要 (58)
　　三　区块链技术与流通业发展耦合度较高 (59)

第二节　区块链技术与现代流通业融合发展的机制设计 (61)
　　一　政府推动机制 (61)
　　二　技术支撑机制 (63)
　　三　风险分担机制 (65)

第三节　区块链技术与现代流通业融合发展的路径分析 (66)
　　一　市场自发带动 (66)
　　二　行业组织带动 (69)
　　三　龙头企业带动 (72)

第四章　区块链技术与现代流通业融合发展的原理与应用实践 (76)

第一节　区块链技术与现代流通业融合发展的原理 (76)
　　一　基于去中心化的原理 (77)
　　二　基于分布式账本原理 (78)
　　三　基于共识机制的原理 (80)
　　四　基于不可篡改的原理 (81)

第二节　区块链技术与现代流通业融合发展的应用实践 (83)
　　一　流通业供应链重构 (84)
　　二　商品追溯体系应用 (88)
　　三　流通企业融资问题 (91)
　　四　贸易支付结算优化 (97)

第五章　区块链技术与现代流通业融合发展政策建议 (99)

第一节　尽快建立行业应用标准 (99)
第二节　完善数字经济监管体制 (102)

第三节　加快技术基础设施建设 …………………………（106）
第四节　培养专业人才加大培训 …………………………（111）
第五节　培育技术应用龙头企业 …………………………（115）

参考文献 ……………………………………………………（119）
索　引 ………………………………………………………（121）

Contents

Chapter 1　Blockchain Technology Principle and Industrial Application
　Feasibility Analysis ……………………………………………………… (1)

Section 1　Technical Principles and Main Features of
　Blockchain ……………………………………………………………… (1)
1. Technical principle …………………………………………………… (1)
2. Main features ………………………………………………………… (14)
3. Evolution and classification ………………………………………… (22)
Section 2　Feasibility Analysis of Industrial Application of
　Blockchain Technology ……………………………………………… (25)
1. Technical feasibility analysis ……………………………………… (25)
2. Cost feasibility analysis …………………………………………… (29)
3. Organizational feasibility analysis ………………………………… (31)
4. Risk feasibility analysis …………………………………………… (34)
Section 3　The Theories of the Integrated Development of
　Blockchain Technology and Modern Circulation Industry ……… (37)

Chapter 2　Development Status and Problems of Modern
　Circulation Industry …………………………………………………… (38)

Section 1　Development Status of Modern Circulation Industry …… (38)
1. The status and role of the modern circulation industry continue to
　improve ……………………………………………………………… (38)
2. The scale and quality of the modern circulation industry are
　expanding …………………………………………………………… (41)

3. The leading role of radiation in the modern circulation industry is becoming more obvious ………………………………………… (45)

Section 2　Problems in the Development of Modern Circulation Industry ……………………………………… (47)

1. Factor allocation efficiency is not high ……………………………… (48)
2. The phenomenon of information islands is obvious ……………… (50)
3. The degree of circulation organization is not high ……………… (52)
4. The credit system is still incomplete ……………………………… (53)

Chapter 3　The Power Source, Mechanism Design and Path Analysis of the Integrated Development of Blockchain Technology and Modern Circulation Industry ………………………… (56)

Section 1　The Source of Power for the Integrated Development of Blockchain Technology and Modern Circulation ……………… (56)

1. Blockchain technology has become the era background of national strategy ………………………………………………………… (56)
2. The urgent need for the reform and development of the modern circulation industry ……………………………………………… (58)
3. The degree of coupling between blockchain technology and the development of the circulation industry is relatively high ……… (59)

Section 2　Mechanism Design of the Integration and Development of Blockchain Technology and Modern Circulation Industry ……………………………………………………… (61)

1. Government promotion mechanism …………………………… (61)
2. Technical support mechanism …………………………………… (63)
3. Risk sharing mechanism ………………………………………… (65)

Section 3　Path Analysis of the Integration and Development of Blockchain Technology and Modern Circulation Industry ……………………………………………………………… (66)

1. The market spontaneously drives ……………………………… (66)
2. Driven by industry organizations ……………………………… (69)
3. Leading enterprises drive ……………………………………… (72)

Chapter 4 Principles and Application Practice of the Integrated Development of Blockchain Technology and Modern Circulation Industry (76)

Section 1 The Principle of the Integrated Development of Blockchain Technology and Modern Circulation Industry (76)
1. Based on the principle of decentralization (77)
2. Based on the principle of distributed ledger (78)
3. Principles based on consensus mechanism (80)
4. Based on the principle of immutability (81)

Section 2 Application Practice of Integrated Development of Blockchain Technology and Modern Circulation Industry (83)
1. Reconstruction of the circulation industry supply chain (84)
2. Application of commodity traceability system (88)
3. Financing issues of circulation companies (91)
4. Optimization of trade payment and settlement (97)

Chapter 5 Policy Recommendations for the Integrated Development of Blockchain Technology and Modern Circulation Industry (99)

Section 1 Establish Industry Application Standards as soon as Possible (99)
Section 2 Improve the Digital Economy Regulatory System (102)
Section 3 Speeding up the Construction of Technological Infrastructure (106)
Section 4 Cultivating Professionals and Increasing Training (111)
Section 5 Cultivate Leading Technology Application Enterprises (115)

References (119)

Index (121)

第一章 区块链技术原理与产业应用可行性分析

第一节 区块链的技术原理和主要特点

一 技术原理

1. 比特币的出现

从 2008 年至今，比特币和以其为代表的区块链技术成为 21 世纪第二个十年里最令人瞩目的技术，世界各国对此趋之若鹜，行业应用前景看好。这一切的开端都源于 2008 年 10 月的一篇文章——《比特币：一种点对点式的电子现金系统》，这是一篇由自称为中本聪[①]的身份未明人士发表在密码学爱好者网站的其貌不扬的论文，论文向外界描述了一套被称为比特币的加密电子货币，作者表示提出这种货币的最大目的是希望建立一套不通过任何第三方即可实现的货币转移和价值传输体系，而完成这个体系的载体被称作比特币。这是一篇在当时看来毫无波澜的文章，甚至在两个月后的 2009 年 1 月作者本人依据文章中的算法首次进行挖矿[②]（mining）并按照程序规则获取了人类第一批 50 枚比特币时，很多人都不屑一顾，以至于作者在挖出比特币之后很无聊地将其中 10 枚比特币转账给了他的助手。这一切在当时看来平淡无奇，除了作者的几个好友予以关注，并未

---

① 比特币的发明者自称为 Satoshi Nakamoto，中文译为中本聪，但截至目前，其真实身份仍不为所知。
② 挖矿，即通过计算机的运算来争夺记账权从而获得比特币奖励的过程。

获得外界关注。十几年过去了，我们必须要承认，作者于 2009 年 1 月通过挖矿而获取的 50 枚比特币是人类社会所获得的第一批比特币，这 50 枚比特币所形成的区块已经成为创始区块永远存在于比特币体系当中，更为重要的是，创始区块的产生，标志着区块链体系的正式诞生。

时至今日，围绕比特币的生产、交易、流通和支付应用已经形成了庞大的生态圈，如图 1—1 所示。越来越多的国家、组织和企业认可并承认了比特币的价值，数以百万计的人参与到这一庞大的生态圈当中。

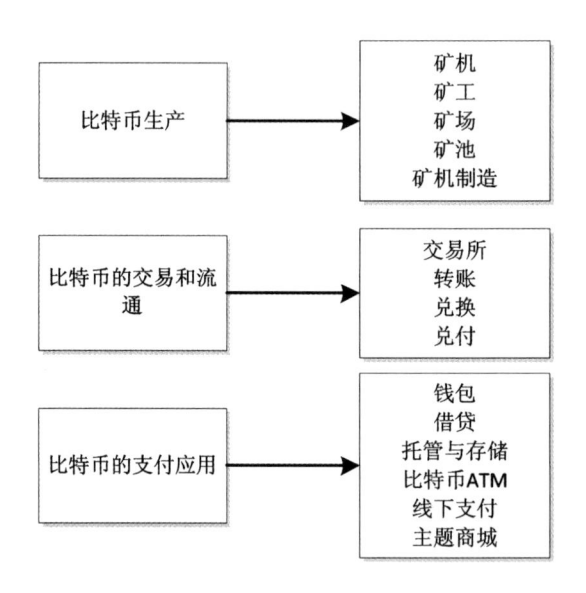

```
比特币生产  ──→  矿机
                矿工
                矿场
                矿池
                矿机制造

比特币的交易和流通 ──→ 交易所
                     转账
                     兑换
                     兑付

比特币的支付应用 ──→ 钱包
                   借贷
                   托管与存储
                   比特币ATM
                   线下支付
                   主题商城
```

图 1—1　比特币生态圈

一是由矿机、矿工、矿场、矿池和矿机制造等构成的比特币生产圈。目前比特币的生产圈已经形成完整成熟的产业链条，众多资本、技术和人力资源的投入已经使之成为潜力巨大的新兴行业。国内以生产矿机为主业的高科技企业嘉楠科技于 2019 年 11 月下旬正式登陆美国纳斯达克股票交易市场，股票代码 CAN，被称为比特币第一股，此次 IPO 发行价最终锁定在每股 9 美元，总计募资 9000 万美元。

二是由以交易所为主的转账、兑换、兑付等交易和流通服务。所谓交易所指的是为客户提供数字资产交易的 C2C 平台，在该平台上，客户可以完成购入、卖出、兑换、借贷和托管等一系列相关服务。截至 2019 年 8

月，全球的数字资产交易平台总量已经超过1.1万个，而且数字资产交易所的数量规模还在以每年3000—5000个的速度不断增长。①

三是比特币的支付应用场景。比特币的支付应用主要包括线上和线下两种类型，线上类型以钱包、借贷、托管为主，而线下则以比特币ATM自助服务设备等相关软硬件设施为主。以比特币ATM设备为例，该设备是为用户提供自助服务的比特币兑换终端，终端用户可以在该设备上完成比特币的存取功能，同时也提供比特币与其他主权信用货币的自助兑换服务。截至2020年5月，全世界密码货币自动取款机的总数为7729部，②网点分布以欧美国家为主，该数字还在快速增长中。

2. 比特币的交易过程

比特币的交易过程从本质上说是全网算力的节点之间的互动过程。由于比特币网络是一个去中心化的、分布式的点对点网络，在该网络中的节点计算机通过对其他交易行为进行记录验证而实现挖矿，正是由于存在众多的网络矿工，比特币的交易网络才得以正常运行。区块链是由一个个区块连接起来的，所有之前的交易记录均被记录在区块里面，分布式的账本是公共可见的，账本不记录账户余额，而是记录之前所有交易信息的历史，发生过的交易一旦经过全网确认即不可更改，任何个体都没有控制账本的权力，这避免了比特币在承担货币功能时可能会出现的重复支付等问题，信息永久保存在区块里，其他任何人都不能改变。在比特币技术系统里没有个人账户的概念，任何点对点的交易行为都将被发送至全部网络节点，由全网算力记录并验证，如果经网络确认，则可以认为该笔交易已经完成，经过网络确认和验证后的交易行为，将以时间戳加密的方式储存在区块中，任何人都不能更改，凡是参与交易行为确认的全网节点都可以获得相应的比特币奖励，这是比特币系统的激励体系。从数据传输的角度来说，通过挖矿而获得的经济奖励是以某种输出（Unspent Transaction Outputs，UTXO）的形式来体现的，因为挖矿而获得的交易输出可以被界定为它具备合法的输入，此时输入与输出同时具备，如果该输出已经被使用过或已经被确认，则被看作无效输出，比特币网络的每一笔交易的记录和确认，都是由新的输入和新的输出共同构成的，由挖矿产生的奖励输出，是

---

① 该数据根据互联网信息统计所得。
② 数据源自CoinatmRadar网站。

可以被认定为具有输入的，此时会生成新的UTXO，新的交易行为就这样被记录下来，如表1—1所示。

表1—1　　　　　　　　　比特币的交易过程

交易	目的	输入	输出	签名	差额
T0	A转给B	他人向A的输出	B账户可使用该交易	A签名确认	输入减输出为交易服务费
T1	B转给C	T0的输出	C账户可使用该交易	B签名确认	输入减输出为交易服务费
…	X转给Y	他人向X的输出	Y账户可使用该交易	X签名确认	输入减输出为交易服务费

但是，比特币网络在交易记录过程中，如何确认某项交易的UTXO是有效的、合法的，这就需要通过比特币系统特有的签名来实现，根据签名信息来决定此输出方，即为通过特定的签名内容来制定比特币的接收方，这个交易的前提是付款方需要进行签名，与此同时在数量上来说，输入不能小于输出，否则便是无效的。而输入大于输出之后，多余的量就当作该笔交易的交易费用（Transaction Fee），这个费用由记录该笔交易行为的区块生成者获得，根据比特币网络的技术设定，每一笔交易的最小交易费用不低于0.0001个比特币，矿工是否愿意为某笔交易进行打包，将其记录进某个区块里，主要取决于这个交易费用的大小。交易费用越大，愿意记录该笔交易信息的矿工就越多，打包之后最先向全网广播的矿工可以获得这个交易费用。交易费用的归属不仅是一种奖励机制，更是一种确权行为，交易费用的归属和交易行为的确认是相联系的，这避免了可能会出现的网络攻击。同时值得注意的是，每一笔交易被打包进入区块时，得到确认并不是实时的，正常情况下，向后要再生成几个区块，该区块的信息记录才能够被最终确认，此时开始该区块包含的信息即无法篡改。

3. 比特币的挖矿原理

挖矿是比特币系统乃至区块链技术系统中非常重要的构成要素。挖矿从本质上说，是所有算力节点参与比特币网络维护的过程体现，是所有挖矿者对全网广播出来的信息进行确认打包，同时生成新区块的过程，此时新的比特币就产生了。一般来说，每个用户都可以向比特币网络广播交易信息，等待其他人确认，一旦有人确认该交易行为，此交易行为便得到确认，以数据信息的形式叠加进新的区块之中。这样的机制设计，使得全网络的互不认识的个体之间存在了一种相互合作的可能，挖矿机制就是这样的一种机制设计。具体来说，从现有比特币网络的技术设定上来说，全世界范围内每经过10分钟，即会生成一个区块，这个区块主要包含了过去的10分钟内，经过全网算力节点确认过的所有交易内容，新生成的区块将会接续到之前比特币主链的最尾部，而提交这个区块的人可以获得比特币系统一定数额比特币的奖励，这个奖励作为新提交区块里的第一笔交易，同时再向全网进行广播等待确认，等之后的区块形成后，该区块内的信息即为得到确认，此后便不得更改。每个区块获得奖励的比特币数量是动态变化的，最早的创世区块获得的奖励是50枚比特币，整个新增区块每增加21万枚，该项奖励就自动减半，经过测算，大致每经过4年时间，该奖励将逐次减半，由此递减规律造成的比特币总量是既定的，总共为2100万枚。这奠定了比特币的通缩的性质。

从具体操作的角度来说，挖矿的过程可以描述为，挖矿的矿工根据之前区块的哈希值，待验证的交易内容，经过计算机算力不断尝试的随机值，这三者一起打包，先打包为一个待确认的新区块，然后根据比特币规则，新区块的哈希值要小于比特币全网给定的一个值，这是面向全网的广播，也是给全网其他算力提出的一个数学题，如果给定值越小，则越难被计算出来，此时全网算力将开始争夺，谁先计算出来谁就可以打包这个区块的内容。因此，从挖矿计算的角度来说，每一个参与挖矿的个体都要付出大量的精力和时间，当然随着新的计算机技术不断被引入挖矿行业，尤其是新的计算芯片的开发实现，挖矿过程均由计算机来实现了。计算机的计算能力一般以每秒进行的哈希值计算为单位，表示为H/s，比特币出现十多年以来，截至2020年9月，比特币网络的算力最高值已经超过了154EH/s。

4. 区块链的发展历史

作为一种加密货币，比特币的出现是区块链技术的首次和最重要的应用。也可以说，比特币是区块链技术具体应用的一个产品，而区块链技术则是比特币的底层技术。

比特币最初是以一种加密货币的形象展示在世人面前的，其最初的用意是建立一套去中心化的、不受各类政府组织干预的货币体系，最重要的佐证是2008年由美国次贷危机引发的金融危机爆发之后，以银行为代表的众多金融巨头深陷破产泥潭，丑闻频出，经营状况岌岌可危，而这样的背景被后人看作比特币及其背后思想产生的根源。可以佐证的线索是，在2009年1月第一批比特币产生时形成的创始区块中包含着这样的信息：财政大臣正处于实施第二轮银行紧急援助的边缘。① 而这条信息也正是第一批比特币产生当天英国《泰晤士报》的头版文章标题，这条信息将被永远储存在创始区块里，这本身已经充分表达了中本聪本人对现有政府主导的中心化金融体系的嘲讽，他旨在建立的一种去中心化的不被任何人随意操纵的货币由此登上历史舞台。

比特币虽然是目前最为成功的加密货币，但比特币却不是人类现代社会对于加密货币的首次尝试，前赴后继的经济学家、密码学家和爱好者们关于建立加密货币的构想和尝试最早出现在20世纪80年代初，从此时出现的加密货币尝试直至2008年比特币的出现，都代表了区块链的技术演进历程。

区块链技术的雏形最早出现在1976年，威特菲尔德·迪菲与马蒂·赫尔曼发明了公私钥加密（PPKC）体系，又由此演进出了PGP加密技术，而后者的应用已经在业内较为广泛和普遍。到了20世纪70年代末期，由阿迪·萨莫尔、伦纳德·阿德曼和罗纳德·李维斯特首先发明的RSA算法开始得到广泛应用。80年代初，戴维·乔姆（David Chaum）提出可以基于加密算法来设计加密货币，首先需要解决的问题是隐私和支付的实现问题，这可以被看作区块链在价值传输方面的首次尝试，也是区块链的技术雏形。② 戴维·乔姆认为，在现实生活中的现金交易十分容易，现金纸币在谁的手里，现金的所有权就是谁的。但是在数字世界里，情况开始复杂起来，因为代表价值传输的是数字文件，而基于电子文件的基本特性，该数字文件可以被无数次完美地无损复制和传播，这与价值传输的唯一性产生了矛盾，也即同样一个代表一定价值的数字文件可以同时发送给第二个人、第三个人，直至无数人。这就出现了区块链技术演进中需要克服的第一个重大技术问题，即如何解决双重支付（Double Spending）问题。戴维·乔姆创造性地采用密码学上的盲签（Blind Signature）方案完美地解决了如何避免出现双重支付的问题，这个思路是近现代历史上第一个真正意义上的电子货币方案，但该方案并未真正大规模商业化实践，其主要原因

---

① 原文为"Chancellor on brink of second bailout for banks"。
② 资料来源：C语言中文网。

在于它必须有一个所有参与者都信任的中心化服务器来进行这些数字文件纸条的验证。1991年，斯图尔特·哈珀与W.斯科特·斯托尔内塔提出了引入标准时间作为变量与原始数据信息进行加密绑定，从而在根本上解决交易行为的唯一性问题，避免了双重支付问题的出现。① 这是区块链发展历程中时间戳概念的首次出现，并很快运用至区块链技术系统。直至今日，虽然区块链的技术仍在不断演化当中，但是可以预见，时间戳的要素不仅是当前区块链技术中不可或缺的关键因素，而且还将长期成为关键因素之一。

时间进入到1997年，基于前人研究成果基础上的区块链技术已经有了较为丰富的发展，最有代表性的学者与成果包括戴维（Wei Dai）与B币（B-Money）、亚当·巴克（Adam Back）与哈希现金（HashCash）、尼克·萨博（Nick Szabo）与比特黄金（bit gold）、哈尔·芬尼（Hal Finney）与工作量证明（POW）等，而这些成果的诞生也成为了现如今区块链技术体系的重要构成部分。2008年中本聪首次提出比特币时曾明确表示，比特币的出现是参考借鉴了众多前人的研究成果，其中就包括亚当·巴克的哈希现金和华裔密码学家戴维的B币。② 而知名计算机科学家尼克·萨博在1993年提出比特黄金的方案，可以被看作智能合约（Smart Contract）的技术雏形，而智能合约现在已成为区块链技术系统里处理交易的核心方式，区块链应用的实质可被看成一个个智能合约的组合。③ 著名密码学家哈尔·芬尼的工作量证明机制也是区块链技术体系里的重要构成要件，他在2004年推出了自己版本的采用工作量证明（POW）机制的加密货币。④

上述学者研究角度不同，具体设想也不尽相同，但他们的共同努力指向了同一个事实，即都是让计算机进行计算，从而"创造"电子现金，它们是比特币系统让计算机进行加密计算的工作量证明和挖矿的创意来源和实践依据。在上述前赴后继的经济学家和密码学家合作努力下提出的加密

---

① Chohan U. W., "The Donble Spending Problem and Cryptocurrencies", *Ssrn Electronic Journal*, 2017.

② Chohan U. W., "The Donble Spending Problem and Cryptocurrencies", *Ssrn Electronic Journal*, 2017.

③ Chohan U. W., "The Donble Spending Problem and Cryptocurrencies", *Ssrn Electronic Journal*, 2017.

④ Chohan U. W., "The Donble Spending Problem and Cryptocurrencies", *Ssrn Electronic Journal*, 2017.

原则和去中心化共识均已成为现如今区块链技术系统的基本特征和核心构成要件。

5. 区块链的技术原理

区块链技术已经被视作与互联网技术相并列的将会影响人类社会发展的重大技术。从本质上讲，区块链技术是一种价值传输规则，这与互联网技术从本质上讲是信息传输规则的根本特点相对应，从互联网时代的信息传输到区块链技术的价值传输，这样的转变是区块链技术之所以能够成为颠覆性技术的根本原因。

从技术原理上来说，区块链技术是以密码学、博弈论、智能合约和共识机制为基础而形成的以点对点价值传输为主要目的一系列规范和准则的集合。作为点对点的网络，包括密码学、共识机制、智能合约等多种技术的集成创新，提供了一种在不可信网络中进行信息与价值传递交换的可信通道。① 作为人类现代社会区块链技术的首次应用，比特币的出现完整地体现了区块链技术的技术原理，从某种程度上说，认识区块链的技术原理就需要首先厘清比特币的技术原理。从整体上来看，区块链的技术原理可以分为三层，人们常指的是比特币这种做价值表示的电子现金。其实，作为电子现金的比特币只是比特币技术系统的表层。

区块链技术的原理中有三个重要的要素，第一个要素是区块，很多个区块链接成了区块链，每一个区块是对之前区块链条的补充和完善，在某个时间里的所有交易信息都会被记录进某个区块当中，当某个区块形成就代表全网算力对当前账本达成了共识、进行了一次更新；第二个要素是链，链指的是对全网共同维护的众多区块进行的串联方式，代表着区块的变化情况，记录了全网账本的每次变化情况；第三个要素是交易，交易指的是对全网算力的分布式账本的改变情况的记录，状态的改变即为交易行为的发生。

区块链是众多区块链接而成的数据账本，这个账本是全网共同维护的，不是任何个体可以控制的，这个账本记录了自区块链的第一个区块产生后至今的全部交易信息，不能篡改和删除，可以补充增加。因此区块链在技术层面就表示为所有区块的链接，链表由全部区块前后相连组成，后

---

① 2019年12月7—8日，中国科学院尹浩院士在由中国科学院学部主办的区块链技术与应用科学与技术前沿论坛上的演讲。

面的区块中记录有之前区块的哈希值，哈希值是区分信息是否真实的基本技术手段，通过确认哈希值可以确认某个区块里的信息是否是真实的，合法的，可通过验证本区块内哈希值的方法进行快速比对和检验。网络中节点可以提议添加一个新的区块，但必须经过共识机制来对区块达成确认。

区块链的技术原理可以分为三层，如图1—2所示。这三层可以分为应用层、应用协议层和通用协议层。区块链系统的应用层即为比特币这种电子现金，应用协议层指的是比特币协议（Bitcoin Protocol），其主要功能是发行比特币和处理点对点之间的比特币转移。通用协议层也被称为比特币区块链（Bitcoin Blockchain），指的是以去中心化网络、分布式账本和不可篡改为主要特点的众多区块组成的链条。换个角度来看，区块链技术体系自出现之后已经经历了多次发展演进，大致可以分为三个阶段，第一个阶段即为以比特币为主要代表的加密数字货币的出现和发展，第二个阶段即为在加密货币基础上演化出的智能合约，第三个阶段即为区块链技术的行业应用和实践落地。这三个阶段可以分别被看作区块链1.0、2.0和3.0阶段。① 比特币技术系统所规范的无须信任的价值传输系统，其发行与转账靠的是中间的比特币协议层。类比现实货币系统，这一层的角色相当于中央银行（发行货币）与银行（处理转账）等金融机构。

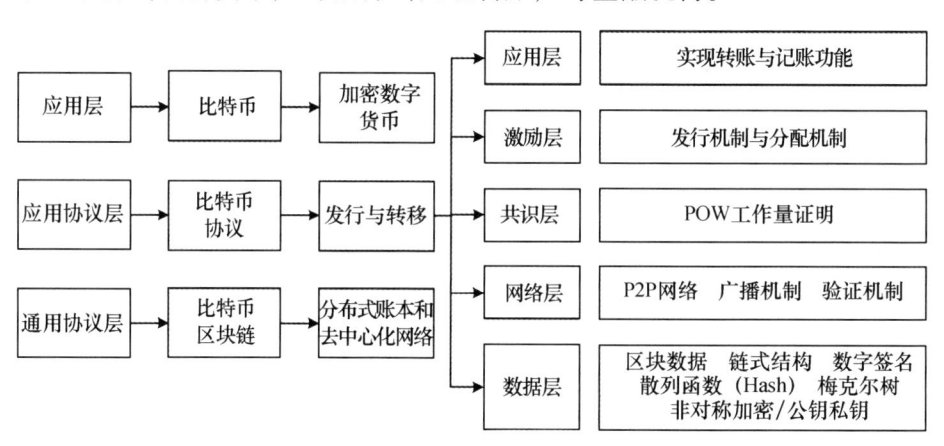

图1—2 区块链系统的三个层次

---

① 梅兰妮·斯万（Melanie Swan）著有《区块链：新经济蓝图及导读》（*Blockchain: Blueprint for a New Economy*）应用层、应用协议层、通用协议层的分类参见她的演讲内容。

在区块链技术系统的三个层次中，比特币协议是关键一层，它又进一步细分为五个方面，它对应的是比特币协议和比特币区块链两个部分。在这个五层架构中，比特币协议层被细分为：应用层、激励层和共识层。在设计比特币系统时，中本聪创造性地把计算机算力竞争和经济激励相结合，形成了工作量证明（Proof-of-Work，PoW）共识机制，让挖矿计算机节点在计算竞争中完成了货币发行和记账功能，也完成了区块链账本和去中心网络的运维。这就形成了一个完整的循环：矿机挖矿（算力竞争），完成去中心化记账（运转系统），获得数字货币形式的经济激励（经济奖励）。比特币的工作量证明共识机制是连接发行、分配和广播、验证的中间层，连接了上层应用与下层技术：在其上的层次为电子现金的发行、转账、防伪；在其下的层次，去中心网络的节点达成一致，更新分布式账本。

从整体上来看，区块链的技术原理可以描述为：区块链是一个公开开放的分布式虚拟账本，并且区块链中每一个节点平等，整个网络无中央管理者，任一用户可以通过共识机制为下一个节点上传数据信息。区块链的最大特点就是去中心化网络、分布式账本和不可篡改，一旦链接成功，数据难以篡改且所有节点的数据保持一致，对于用户来说，它的技术要求比较低。区块链最核心的是权属，权属包括权益和责任，区块链中的权属关系是通过密码来实现的，保护好密码，就可以参与到区块链行业或者产品的使用中。作为包括分布式存储技术、共识机制和加密算法等众多技术打包的综合体，区块链技术在流通业必然有着广泛的应用前景。

从具体实现来看，比特币网络的运行就代表了区块链技术的核心技术原理。互联网上任一用户可以提出或发起一项交易，同时对外广播，等待全网确认，全网算力节点将会把收到的全部广播信息和交易请求一起打包，同时叠加进之前区块的哈希值，用于其他人验证有效性，同时还要添加进一个随机字符串，使得该区块结构经过哈希运算后要小于某个特定值，然后由全网进行运算，全网进行的这个随机字符串的运算过程即为挖矿的过程，这是个比拼算力的较量，所有算力将会花费一定代价来计算出符合条件的随机字符串，一旦计算成功，该区块的所有条件即为全部具备，成为候选，此时继续向全网进行广播，其他算力节点收到后验证哈希值，经过验证的区块被认为是真实的、合法的，于是新的区块就诞生了，该区块中所包含的所有信息就意味着得到了确认。这里比较关键的步骤有两个,一个是完成对一批交易的共识(创建合法区块结构);一个是新的区块添加到链结构上,被网络认可,确保未来无法被篡改。当然,在实现上还会有很多额外的细节。

比特币技术系统中计算符合条件的随机字符串的过程被称为工作量证明的共识机制,它表示你需要付出一定的算力代价来进行运算,付出了劳动,随机字符串的寻找和验证并没有捷径,只有依靠计算机计算能力不断穷举来尝试得到。尝试的次数越多意味着工作量越大,经过巨大工作量的计算,得出正确结果的可能性就越高,根据比特币的技术限定,比特币网络控制平均约 10 分钟产生一个区块,这一区块一经全网确认即是合法的,确认该区块的算力将会获得两个部分的回报,一个回报是固定奖励,该奖励呈递减趋势,另一个回报是交易费用。

区块链技术系统中的共识机制要求全网进行确认,这是全网所有节点都会参与确认的,从理论上来说,全网超过一般的计算节点如果联合起来,是可以改变区块信息的,但是这样的概率极低,因为根据区块链技术的确认机制,能够做出正确确认的算力将会得到奖励,而最先获得的确认将会获得两个部分的奖励,所以,仅从理论上来说如果多个区块联合起来,那么这种勾结将会付出极大的成本,而一旦其他计算节点没有配合,最终将会毫无效果,所以区块链上最长的链将会是最合法的链条,其他情况概率随着区块增加会变得极低,可以不予考虑。一半的节点联合起来在 10 个区块后概率降到千分之一以下,跟通过勾结起来改变区块内容而得到的收益相比,是不存在可能性的。

6. 区块链的数据结构

区块链技术系统的原理是需要靠区块链的数据结构来体现的,区块链的数据结构是区块链技术的底层代码体现,从底层数据结构的角度来看,区块链技术的主要构成要件包括区块、哈希算法、公钥私钥、时间戳和默克尔数结构五大要素,如图 1—3 所示。

由图 1—3 可知,区块链顾名思义是由一个个区块连接而成的,区块链的基本结构单元是区块,每一个区块都毫无例外地包含头和体两部分,区块头主要包含区块元数据,由版本号、难度值、时间戳等组成的完整数据,它包含了每个区块自身的身份识别信息。区块体就是区块的主体,主要包含各类交易数据,区块体内的各类交易数据是永久以电子信息化的形式存在的。区块头类似于区块形成的规则和运行机理,区块体相当于各类

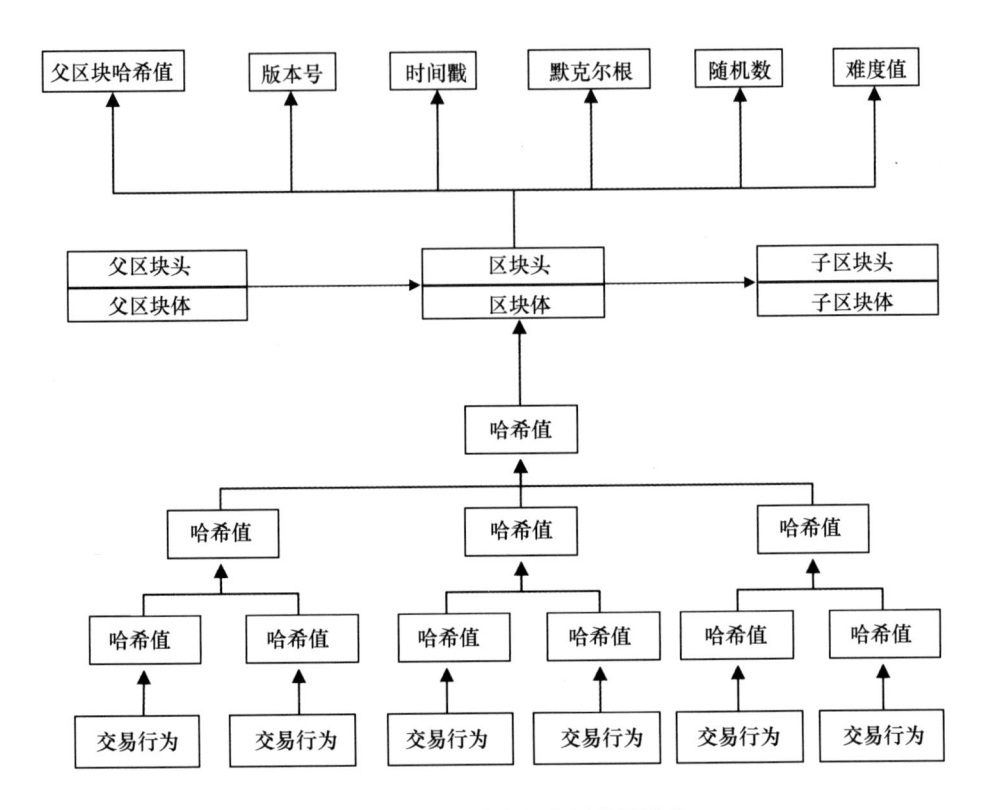

图1—3　区块链技术的底层数据结构

交易信息的收集、提炼和转换。区块头又包含三个部分：一是父区块哈希值，也就是上一个区块的哈希地址。区块链是按顺序一个个排列形成的区块链条，就像真实账本一样，每一页都有一个页码，通过页码就能找到你想找的内容；而区块链中，通过父区块哈希值就可以找到上一区块信息转换后的信息。二是时间戳、随机数和挖矿难度。时间戳是将区块信息纳入标准时间要素，记录每一个区块的创建时间；挖矿难度是根据网络的算力来调整挖矿的时间，算力越高，挖矿所需时间也越长，反之亦反；随机数是用于工作量证明算法的计数器。三是默克尔（Merkle）树根。默克尔根是由众多交易行为经过多次哈希值运算得到的，它能够总结并快速归纳校验区块中所有交易数据。而区块体就是一个区块中所有的交易记录，如比特币系统的每一个区块主体大概有2500笔交易记录，交易记录就是转账信息。区块链系统大约每10分钟会创建一个区块，其中包含了这段时间里全网范围内发生的所有交易。由此可以看出，在区块链上的任意一个区块里，都可以找到前一个区块的信息，这使得在区块链上的每个区块都存在父区块，当然创始区块除外，由这样的规则所运行的区块链就成了一条完整的携带之前所有信息的区块链条，自区块链产生至今，全网都存在一条且为唯一的记载之前所有区块信息的主区块链。

区块链技术中保证交易信息不被篡改的技术基础就是哈希算法，这是一种加密方法，在对各类交易数据和行为记录的过程中，通过哈希算法将其转换为固定格式、长度适中的散列数据，这样的加密方式是不可逆的，不能被反向破解。简单来说，通过哈希运算这种加密方式，如果有些内容你不想让别人看到，你可能就会想到对这些内容加密，哈希算法就是其中一种。如果把信息数据被加密前称为明文，与此对应把信息数据被加密后称为密文，那么，哈希算法可以实现的效果是：我们可以把明文通过哈希算法加密成密文，但是却无法通过加密后的密文来推断明文的内容，同时更重要的是，即便是加密过程，之前的明文和加密后的密文也存在一定的对应输出关系，如果明文发生变化，那么密文必然随之改变，哪怕是微小变化亦是如此。由此可以看出，哈希算法提供了一种安全稳妥的计算规则，通过这种算法可以实现将要传输的内容进行加密而不被窃取或破解，因为通过哈希算法之后的密文是由一串数字和字母组成的散列无规律字符串，这个字符串能够唯一且准确地标识一个区块，而区块链中任意其他节点可以通过同样的哈希算法对该哈希值进行测试和运算，如果结果是哈希值没有出现变化，那么就说明加密前的明文未被修改，这意味着该明文所代表的数据信息是没有被篡改的。由此可见，哈希算法的加密方式形成了区块链技术系统不可篡改的技术基础。

公钥和私钥跟我们的资产息息相关。对同一个交易行为和数据来说，公钥和私钥是同时具备的，公钥是公开的，私钥是不能公开的，换句话说，公钥是给其他人用的，私钥是留给自己用的。在价值传输过程中，公钥和私钥都是必不可少的。举例来说，假设区块链中有两个人进行交易，发起人会在发起过程中把私钥保留在手上，公钥则公开给交易对手看。在发起交易时，发起人会用私钥对自己的交易记录进行数字签名，证明这笔记录"确实"是他发起的。交易对手拿到发起人的交易单后，用发起人的公钥进行解锁，就能解开发起人的私钥，因此就能证明这个交易确实是由发起人发起的，从而进行无误的交易。在区块链中，使用公钥和私钥还可以标识身份。发起人给交易对手进行转账时，参与验证的人都需要验证这笔账是发起人发起的，以便后期发起人想赖账时，全网络能够确认发起人自己已经对这笔交易进行过确认。因此私钥的存在，就是对一个人的身份做认证，证实每笔交易的真实性，以便核对时无法赖账。在区块链技术系统中，公钥和私钥的机制设计完美地保证了在分布式网络下点对点价值传输的隐私性和安全性。

时间戳就是给区块盖个章，它记录的是本区块被创建的精确的时间，证实了每一个区块都是独一无二不可篡改的。区块链中的时间戳从区块生成的一刻起就存在于区块之中，它对应的是每一次交易记录的认证，证明交易记录的真实性。时间戳是直接写在区块链中的，而区块链中已经生成的区块不可篡改，因为一旦篡改，生成的哈希值就会变化，从而变成一个无效的数据。每一个时间戳会将前一个时间戳也纳入其随机哈希值中，这一过程不断重复，依次相连，最后会生成一个完整的链条。

默克尔树结构是正常的交易行为进行多次哈希运算得来的。区块的交易数据在这张图里就是最下层的数据，这时候这些数据叫叶子节点。我们把这些叶子节点首先进行一次哈希计算，然后通过哈希计算得到了四个哈希值。得到这四个哈希值以后我们进入第二轮，第二轮就是把四个哈希值两两合并进行哈希计算，就得到了下一轮的两个哈希值。接着重复这种两两合并的哈希计算，最后我们得到图1—3最上层的唯一哈希值——默克尔根。默克尔根最大的作用就是能够判断交易的数据是不是被篡改过。默克尔根是由区块主体中所有交易的哈希值逐级两两哈希计算剩下的最后的一个唯一值，所以默克尔根在这里有两个关键词：最终值、唯一值。同样地，区块中任意一个数据的变更都会导致默克尔树结构发生变化，在交易信息验证比对的过程中，默克尔树结构能够大大减少数据的计算量，我们只需验证默克尔树结构生成的统一哈希值——默克尔根就可以了。

二 主要特点

区块链是数字世界中进行"价值表示"和"价值转移"的技术。区块链硬币一面是表示价值的加密数字货币或通证，另一面是进行价值转移的分布式账本与去中心网络。分布式账本与去中心网络也常被称为"链"，它可被视为一个软件平台；而表示价值的通证常被称为"币"。通证存储在链上，通过链上的代码（主要形式是智能合约）来管理，它是可编程的。

区块链既是一种技术，又是包括经济部分的完整系统，具体来说具体指的是"账本＋网络＋协议＋货币"，一般的看法是，将基于区块链的价值表示物都称为通证，并把比特币等代币（Coin）视为通证的一个特定种类。通常而言，提及加密数字货币、通证、代币时，我们指的都是基于区块链的、在数字世界中进行价值表示的事物。如果采用"通证"说法，区块链的最大范围包括的则是"账本＋网络＋协议＋通证"。由此可以提炼出区块链系统的主要构成要件和主要特点，即区块链系统是由分布式账本（即狭义的区块链）和去中心网络（点对点网络）组成的，形成链条的方式是工作量证明共识机制。最长链是由网络中的算力共同决定的，因而它是可信的，节点离开和加入依据的是最长链是可信的这一原则。这些组合起来形成了区块链系统。

1. 去中心化网络

去中心化网络是区块链系统的根本特征和最重要的构成要素。在去中心化的程度上，区块链系统达到了极致。去中心化的初级阶段是自动化（Automatic），即根据人设定的规则自动运行，而去中心化的高级阶段是自治（Autonomous），也就是完全自治、自发。而比特币为代表的区块链系统作为一个电子现金系统，达到了极致的去中心化状态。去中心化处于区块链的思维模式的最内核，而比特币实现了极致的去中心化。以比特币为例，比特币的去中心网络的架构非常简洁，本身需要的基础设施很少。它可以在互联网网络上运行。计算机节点可以随时离开或加入这个去中心网络，在加入时它们只需遵守最长链原则即可。

基于去中心化网络的根本特性，让区块链系统成为解决现阶段陌生人之间信任问题的极佳方案和优秀机制，从这个角度来说，把区块链系统称作"信任的机器"是十分恰当的。因为基于区块链的各种特性，各个利益相关方可以借助网络很好地建立信任，与此同时，也可以把区块链系统看作一种大规模的协作工具，通过这个协作工具，可以让很多原来想象不到的东西变成可能。最简单的例子，区块链在金融领域的运用，可以使银行结算、财务审计以及跨境支付等各个方面变得方便快捷，强化了金融领域

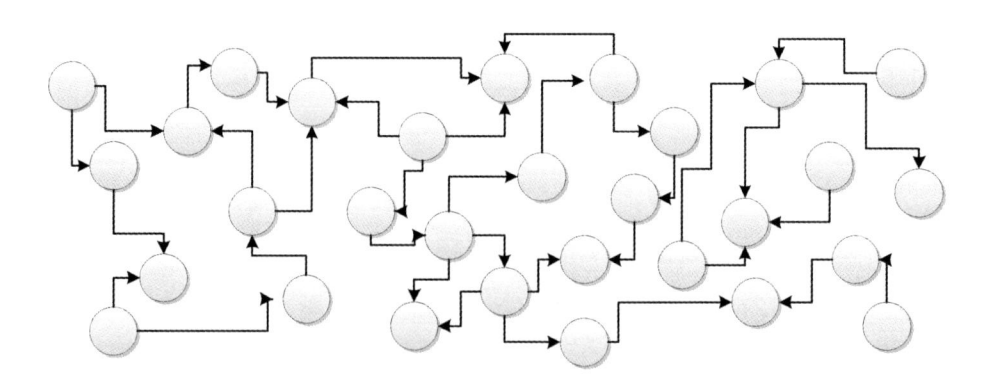

图1—4 区块链的去中心化网络

的协作能力。因此，各大金融机构都在布局区块链，加紧研究区块链技术在金融领域的应用。还有其他很多领域，如物联网、去中心化社区等，区块链技术在这些领域的尝试，也都是为了提高人与人之间的协作水平。

2. 分布式账本

互联网在发展过程中，先后经历了试验网络、基础架构和协议、商业应用、大规模普及四个阶段，每个阶段都长达10年左右。其中第二个阶段尤为关键，TCP/IP取代了已有的网络控制协议成为核心协议，这奠定了后来全球规模互联网的技术基础。作为一套前所未有的大规模协同网络，分布式账本网络的发展很大可能也要经历这四个阶段的演化。当然，站在前人肩膀上，无论是演化速度，还是决策效率，都会有不小的优势。客观来看，虽然超级账本、以太坊等开源项目在基础协议和框架方面进行了诸多探索，并取得了重要成果，但在多账本互联、与已有系统的互操作性等方面还存在不足，商业应用的广度和深度仍需实践的考验。但毫无疑问，分布式账本科技已经成为金融科技领域的重要创新，必将为金融行业创造新的发展机遇。而未来的商业协同网络，也将成为人类文明进步的重要基础，如表1—2所示。

表1—2　　　　　互联网与区块链技术分布式演进对比

阶段	互联网	区块链	阶段
1974—1983年	ARPANet内部试验网络	比特币试验网络	2009—2014年
1984—1993年	TCP/IP基础协议确立，基础架构完成	基础协议和框架探索，出现超级账本、以太坊等开源项目	2014—2016年
20世纪90年代至2000年	HTTP应用协议出现；互联网正式进入商用领域	商业应用的加速落地，仍未出现重量级应用	2016—2018年
2000年至今	桌面互联网、移动互联网、物联网	分布式协同商业网络和去中心化金融（DeFi）	2018年至今

去中心化是区块链系统的重要特征，而支撑去中心化网络的现实载体即为分布式账本。从本质上来说，区块链技术系统是基于工作量证明形成的带时间戳、存储数据的数据块和由哈希指针连接成的链条组合。这个链条或者说账本以分布式的方式存储在区块链网络的各个节点上，因而也被称为分布式账本，如图1—5所示。

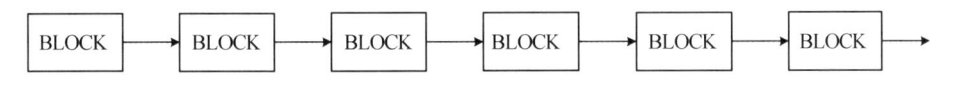

```
┌─────┐   ┌─────┐   ┌─────┐   ┌─────┐   ┌─────┐   ┌─────┐
│BLOCK│──▶│BLOCK│──▶│BLOCK│──▶│BLOCK│──▶│BLOCK│──▶│BLOCK│──▶
└─────┘   └─────┘   └─────┘   └─────┘   └─────┘   └─────┘
```

图1—5　区块链的分布式账本

区块链系统由分布在各个区块链网络上的众多节点组成，用户可以在此分布式账本上开设"账户"，被称为地址（Address），每个人都可以在比特币区块链上建立"账户"，同时获得公钥与私钥，区块链地址是公钥的哈希值，我们通过私钥与地址进行交互。在此基础上，每个用户都可以设置钱包，钱包中存储的是私钥，区块链系统的用户之间在相互转账比特币等虚拟货币时，可以通过各自的钱包软件直接进行。由此可以看出，区块链技术系统的去中心化特征是由分布式账本来体现的，即不再像传统货币或数据管理方式一样由一个中心化机构或数据库来集中管理账本，取而代之的是，区块链技术系统的账本是存放在由众多节点组成的去中心网络当中，区块链技术系统的用户之间的账户管理、转账交易等管理和交易行为不再由一个中心化机构来帮我们管理和记录，每个人通过私钥管理自己的钱包，而交易行为则由整个网络中的分布式账本来记录。区块链技术系统里用户的虚拟货币等资产虽然是记录在账本之中的，从形式上看好像有一个"中心化"的机构或数据库在存储用户的资产，但是实际上，这个账本是分布式地存储在去中心网络中的，因而从这个层面看，它可以看成是去中心化的。传统的中心化在线支付系统，它通常是由中心化的服务器来管理集中式账本，而对于区块链技术系统来说，它背后的系统是一个去中心化的网络，整个网络中的所有节点共同维护一个分布式账本。

区块链技术系统的分布式账本设计机制，不但可以把全网庞大的算力集合在一起，而且能将各种其他所需要的资源进行合理的调配与协作，并且通过事先设定好的规则，对参与到整个协作系统中的人、机构甚至设备进行奖励，来促进资源更加合理的分配，并且吸引更多的资源参与到这个系统中去。

3. 工作量证明共识机制

区块链技术系统的去中心化网络采用的是工作量证明共识机制。工作量证明共识机制主要体现了区块链技术系统在安全与价值方面的平衡，具体指的是矿工通过工作量证明共识算法进行竞争，将自身的计算成果提交给整个区块链网络，如果得到全网的共识和认可，即可以获取区块奖励。从比特币运行十余年的实践效果来看，通过工作量证明共识机制进行的加密货币挖矿模式能够成为最有效的共识算法类别的代表，以去中心化的方式最大程度地提高安全性，使比特币等虚拟货币变成具有可观价值的载体。

去中心网络需要共识机制，是因为这是一个基于非信任（non-trust-based）的网络，任何人无须许可都可以接入这个网络。并且，这些节点分散在网络条件差异非常大的全球互联网之中。在完全无中心的情况下，这些节点要同步一致，共识机制即为这些节点达成一致的机制。关于分布式网络的共识机制，有著名的"Fisher-Lynch-Paterson 不可能结果"，即在一定条件下达成共识是不可能的。而比特币的工作量证明共识机制在实践中被验证是有效的。这是因为它采用了一个实用主义的解决方案。比特币的工作量证明的关键特点是，它巧妙地融合技术和经济因素，不只是纯粹通过技术本身来达到这一点，而是纳入了与自身作为一个数字现金系统相关的挖矿奖励。具体来说，区块链技术系统之所以采用工作量证明共识机制并且获得成功，主要取决于两点。第一，引入了奖励机制。在这样一个加密数字货币应用中引入了经济激励机制,维护网络的节点就可以得到有价值的比特币作为奖励。为什么区块链技术系统的网络节点愿意打包交易、维护账本和认可其他用户提交的认证需求?它们并非出于"善意",而是因为它们能因这些挖矿行为和确认其他用户提交的申请获得某个数量比特币形式的经济激励。这是一个自行发行的电子现金系统的独特优势,如果开发的是其他没有自行发行虚拟货币的计算系统,我们就无法设计矿工挖矿奖励这样的经济激励机制。激励挖矿节点参与挖矿的,除了与新区块相关的奖励之外,挖矿节点还可以得到区块中包含的所有交易给全网付出的交易费用。区块链技术系统整个网络中的节点按照规则进行加密哈希计算,以竞争获得生成新区块的权利。节点在竞争获胜后就获得记账权,它生成区块成为最新区块后,就获得与新区块对应的挖矿奖励。因此可以看出,区块链技术系统的全网网络节点之所以能够而且愿意确认其他人提交的认证需求,主要在于可以获得两部分收入,虚拟货币奖励和交易费用所得。第二,工作量证明共识机制的有效和稳定运行的原因在于,区块链技术系统包含了随机性的概念。区块链技术系统形成的全网区块共识从理论上看并不是完全可靠的,但是如果某笔交易在获得了六个区块的同时确认之后,确认该笔交易出现错误和问题的概率将呈指数级下降,根据理论测算,在六个区块之后,一个交易发生双花情况的概率可被认为是零。从纯理论上看,完美的共识不可能达成,但从实践应用的角度看,这个共识是可信的,因为它兼顾了效率与成本。

4. 记录不可篡改

区块链技术系统除了去中心化网络、分布式账本和工作量证明共识机制,其典型特点是所有记录不可篡改。区块链技术系统不可篡改的特点是基于"区块+链"(Block + Chain)的独特分布式账本而形成的,即存在交易的区块按照时间顺序以数据信息的形式持续加到链的尾部,如果要修改一个区块中的数据,就需要重新生成它之后的所有区块。而工作量证明共识机制的重要作用之一是修改大量区块的成本极高,从而几乎是不可能的。以采用工作量证明共识机制的区块链网络(如比特币、以太坊)为例,只有拥有全网超过51%的算力才可能重新生成所有区块以达到篡改数据的目的。但是,破坏数据并不符合拥有具有较大算力玩家的自身利益,同时,由于区块链技术系统的去中心化网络和分布式账本设计特点,想操纵全网超过51%的算力仅存在理论上的可能性,这种实用设计增强了区块链技术系统上的数据可靠性，从而达到了不可篡改的效果。一般来说，在区块链账本中的交易数据可以被看作是不能被"修改"的，它只能通过被认可的新交易来"修正"。修正的过程会留下痕迹，在现在常用的文件和关系型数据中，除非采用特别的设计，否则系统本身是不记录修改痕迹的。区块链技术系统的数据存储被称为"账本"（Leger，总账），采用的是与文件、数据库不同的设计，它借鉴的是现实中的账本设计——留存记录痕迹。因此，我们不能不留痕迹地"修改"账本，而只能"修正"账本。比如，某用户可能因错漏转了一笔钱给另一用户，这笔交易被区块链账本接受，记录在其中。修正错漏的方式不是直接修改账本，将它恢复到这个错误交易前的状态；而是进行一笔新的修正交易，由收到的用户把这笔钱转回给发起用户。当新交易被区块链账本接受，错漏就被修正，所有的修正过程都记录在账本之中，有迹可循。

5. 可信时间戳

可信时间戳（Timestamp）技术的出现，以标准引入标准时间的方式达到了数据信息唯一性的目的，从而实现了区块链技术系统中的不可篡改。一般来说，可信时间戳是用标准时间服务器的时间数据为区块链上的数据块加上唯一的时间标识，在现有数据块中叠加进由哈希算法加密而成的时间信息，简称时间戳，由此形成的新区块在全网发布之后代表了在该时间节点下现有区块的数据是真实唯一的。时间戳的表现形式是一个特定的字符序列，他表示一个区块在某个标准时间之前的完整可验证的数据，这个唯一的时间标识了该区块信息的唯一性。从技术实现的角度来看，首先由用户对现有的交易行为和数据进行哈希运算，形成加密数据，该加密数据的形式是一个散列的字符串，然后由用户向时间戳标准时间服务器发出时间戳请求，时间戳服务器在接收到请求后提取上述区块的哈希值，把提取到的哈希值和此时的标准时间进行叠加处理，通过签名形式形成时间戳，再将时间戳与原区块的交易数据信息进行绑定，绑定后的新区块将被返回系统，再进行哈希运算，如图1—6所示。时间戳概念的引入为广大用户提供了一个独特的证明方式，用来证明在某个特定时间点下该区块里包含的数据信息是真实有效的。基于时间戳原理的区块链技术应用空间得到了极大拓展和提升，它推动区块链技术便捷地进入了供应链重构、商品溯源检测、金融交易活动和电子商务的谈判与合作等多个行业领域。

区块链其实就是在点对点网络上通过节点间的共识算法实现一个分布

第一章 区块链技术原理与产业应用可行性分析

```
┌──────────┐              ┌──────────┐         ┌──────────┐
│ 权威时间源 │              │          │         │   用户   │
└────┬─────┘              │ 时间戳请求│←───────→└────┬─────┘
     ↕                    │          │              ↕
┌──────────┐         ←───└──────────┘         ┌──────────┐
│时间戳服务器│─────→                            │   文件   │
│数字签名   │←────                             └──────────┘
└──────────┘         ┌────────────┐
                     │时间戳服务器数│
                     │  反签名    │
                     └────────────┘
```

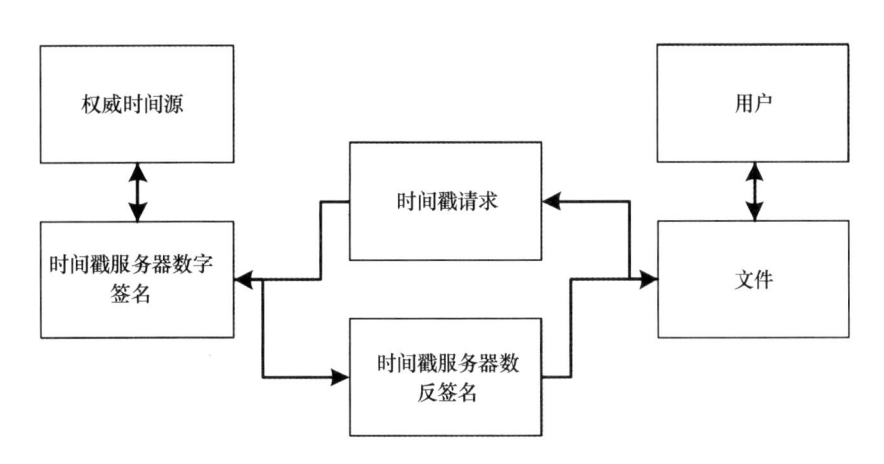

图 1—6 区块链技术系统的时间戳系统原理

式的时间戳服务。也就是说，利用时间戳，将各个区块在时间上有序地进行排列，形成一根链条。首先，时间戳扮演的是一个"证人"的角色。不受任何人为因素影响，比传统公信制度更可信。其次，通过时间戳进行认证，能有效避免数据信息泄露。最后，时间戳本身的技术优势就是为了证明先后顺序，突出了区块链技术在行业应用方面的巨大优势。在可以预见的将来，基于时间戳服务的区块链技术系统将会在流通业、知识产权和司法实践等领域发挥重要作用。以司法实践领域为例，在互联网时代信息化程度较高的形势下，电子数据是否能够以及以何种方式成为有效的司法实践证据已经成为一个重要的研究课题。一方面，在司法实践的证据链条中，电子数据的存在不可避免，人与人之间的交往以电子化、信息化的方式存在已经非常普遍；另一方面，电子数据在具有易于传播、方便留存等优点的同时，也存在不可回避的缺点，主要表现在数据脆弱、载体多样、已被篡改不易被发现、容易被复制和灭失、形式易变且较为隐蔽等方面。由此所延伸出的问题是虽然电子数据可以被当作司法实践中的重要证据形式，但是其真实性、完整性如何确认却成为一个难题。在此背景下，通过区块链技术可信时间戳概念的引入，可以明确电子文件的精确形成时间，同时也可以确认该电子文件在此之前是否遭到了篡改，时间戳技术的引入以极低的成本从根本上解决了电子数据作为司法实践证据的过程的完整性、真实性是否确定的关键性问题，从而有力保证了电子数据成为有效司法实践证据的科学性和合理性，保证了电子证据在证明用途上的法律效力。

与司法实践的电子证据应用相类似，时间戳技术对于电子商务的交易和谈判同样具有重要的不可替代作用。时间戳技术的引入，在双方或多方对于交易数据信息确认基础上叠加进标准时间服务器导入的时间戳，可以从根本上解决交易或谈判双方或多方关于某个事件的反悔可能性，让任何一方都不能否认其约定行为。在此过程中，由于不同用户的本地时间可能不同，由用户自身产生的时间信息并不可信赖或并不准确，因此，在加入时间戳功能时需要引入所有人都公认的一致性标准时间因素，一般是由权威第三方提供的标准时间来确认此时间戳的真实有效性，在此基础上形成的带有时间戳的双方或多方交易数据信息是可信赖的、不具争议的，彻底解决了电子商务交往过程中的不确定性，从而解决了一系列传统电子商务交往中可能会出现的实际问题，极大地降低了双方或多方的交易和谈判成本，促进了电子商务合作的达成。时间戳技术在电子商务领域具有极大的应用空间，可以在电子政务、文化创意、商务谈判、贸易往来和知识产权保护等方面发挥重要作用。

三 演化与分类

区块链技术是一种点对点的传输机制，比如比特币区块链可以面向转账场景，支持简单的脚本计算。如果引入更多复杂的计算逻辑，就会具备更多功能，支持更多的行业应用，基于底层技术的扩展应用就是智能合约（Smart Contract）。区块链技术之所以可以应用于加密货币之外的行业领域，其中的重要技术支撑即智能合约功能的引入。有了智能合约的存在，区块链技术的功能大大拓展，应用场景极大丰富。引入智能合约后的区块链，已经完全脱离了加密货币的信息记录和价值传递的功能，已经赋予了智能化撮合的意味，如果在此基础上，在智能合约里加入不同用户的不同权限等功能，区块链技术的功能将会更为强大，应用场景将空前丰富。区块链技术是不断进步的，这些进步是在业界的一致共识基础上产生的，具体来说，区块链技术今后的演化可能具备以下几种类型，如表1—3所示。

表1—3 区块链技术的三种演化场景

场景	功能	智能合约	一致性	权限	类型	性能	编程语言	代表
数字货币	记账功能	不带有或较弱	PoW	无	公有链	较低	简单脚本	比特币网络
分布式应用引擎	智能合约	图灵完备	PoW、PoS	无	公有链	受限	特定语言	以太坊网络
带权限的分布式账本	商业处理	多种语言，图灵完备	包括CFT、BFT在内的多种机制，可插拔	支持	联盟链	可扩展	高级编程语言	超级账本

从区块链技术发展的应用角度，根据参与者数量和应用范围不同，区块链可以区分为公链或公有（Public或Permissionless）链、联盟（Consortium或Permissioned）链和私链或私有（Private）链。所谓公链，即为面向最广泛的人群，全体互联网用户均可参与，所有用户均以匿名方式参与全网维护，这也是区块链技术的最初形态和最完整形态。所谓私链，应用范围为一定范围内的个体，比如供某个大型公司内部使用，或母公司与子公司之间使用，一般的存在方式是中心化的统一管理，信息并不对外公开，与传统条件下的中心化数据库比较类似。联盟链则是较为折中的状态，兼具了公链和私链的优势，一般可以由供应链联盟或战略联盟等集群来开发并维护，底层技术代码跟区块链一致，但是赋予了不同用户不同的管理权限，所有个体在访问时在自身权限范围内操作与维护，对每一个群体的用户来说，有部分信息数据都是不公开的。在架构上，联盟链在部署和建设应用平台时，与传统区块链技术状态相同，具有一致的分层架构和数据库部署，外加了针对不同用户的不同管理权限。目前来看，公有链信任度最高，也容易引发探讨，但短期内更多的应用会首先在联盟链上落地。公有链因为要面向匿名公开的场景，面临更多的安全挑战和风险；同时为了支持互联网尺度的交易规模，需要更高的可扩展性。这些技术问题在短期内很难得到解决。

关于信任度和中心化程度的关系，对于大部分场景都可以绘制如下所示的曲线。一般地，非中心化程度越高，信任度会越好。但两者的关系并非线性那么简单。随着节点数的增加，前期的信任度往往会增长较快，到了一定程度后，信任度随节点数增多并不会得到明显改善。这是因为随着成员数的增加，想要通过勾结来控制全网算力从而实现篡改原始数据的可能性在理论上已经达到了微乎其微的地步。此外，根据区块链技术的应用场景和领域不同，区块链技术的应用又可以划分为以确权和交易为主要目的的资产链或产权链，以虚拟货币交易和流通为主要目的的货币链，以政府公共服务为主要目的的政务链，以慈善捐赠为主要目的的慈善链，还有区块链平台的搭建并不限定具体的应用场景和行业，称之为通用链。通用链因为要兼顾不同场景下的应用特点，在设计上需要考虑更加全面。

区块链技术出现十多年以来，从最初的默默无闻、无人问津到现在成为国家战略，炙手可热，经历了多次关注高潮，同时也在技术层面实现了快速发展。第一次关注高潮大致出现在 2012—2013 年。比特币项目上线后，很长一段时间里并未获得太多关注。直到比特币价格提升，各种加密货币项目纷纷出现，隐藏在其后的区块链结构才首次引发大家的兴趣。2014 年起，区块链这个术语开始频繁出现，但更多集中在加密货币和相关技术领域。

第二波关注热潮出现在 2016 年前后。以区块链为基础的分布式账本技术被证实在众多商业领域存在应用价值。2015 年 10 月，知名期刊《经济学人》刊登了一篇重要的封面文章《信任机器》，该文章短时间内让更多的人关注到了区块链技术，正式向全社会传递了区块链技术所带来的信用体系的巨大变革可能，促使更多实验性应用出现。[1] 当年下半年更是出现了"初始代币发行"（Initial Coin Offering，ICO）等新型融资募集形式。这一时期，区块链技术自身也有了发展和突破。最值得一提的是，2015 年 7 月，区块链技术迎来了一次重要的革新，以太坊（Ethereum）开源项目正式上线标志着区块链技术在自我完善和自我更新的道路上迈出了重要一步，以太坊的出现有两个方面的重要意义：一是它是对传统区块链技术的一种肯定，区块链的底层技术是具有广阔前景的，同时区块链技术也是可以优化拓展的。二是由于这是区块链技术的首次优化拓展，也说明了今后区块链技术的演化和拓展具有很大的空间。相比传统的区块链技术，以太坊的改善主要表现为在原有区块链技术架构中加入了智能合约的拓展模块。而通过对智能合约的支持，由区块链技术演化的以太坊技术将会更加贴合实际的行业应用和应用场景。自以太坊项目上线不久后的当年年底，

---

[1] 《信任机器》，《经济学人》2015 年封面文章。

超级账本（Hyperledger）开源项目由 Linux 基金会发起，该开源项目是区块链技术行业应用的重要开端，主要是要基于区块链技术构建一种上下游企业之间的分布式账本生态圈。由此可见，该项目具备了联盟链的属性，它更加注重每一个企业用户在使用过程中的隐私权益、权限管理和安全环境，寄希望于通过该项目的推进而实现区块链技术的行业应用落地。该项目发布之后，包括 IBM、英特尔、思科等众多海外巨头都参与了该项目的落地，会员主要来源于金融界和科技界，此后发展十分迅速，目前会员企业数量已经超过 200 家，重点项目的应用也已经取得较好的成效。

随着更多商业项目落地，从 2017 年至今，众多互联网领域的资本开始关注区块链领域，人才缺口持续加大，资本和市场关注的中心渐渐地都向区块链领域倾斜，区块链技术已经站在了 21 世纪第三个十年的风口上。分析这三次关注热潮可以看出，每一次热潮的出现都与金融行业对区块链技术的深化应用密切相关。这也表明金融行业对信息科技始终保持了较高的敏感度。

第二节　区块链技术的产业应用可行性分析

一　技术可行性分析

基于去中心化网络、分布式账本、工作量证明共识机制和记录不可篡改等特点的区块链技术系统最终解决的是众多利益相关方相互协作中的自组织和去信用问题。区块链技术系统应用于产业的技术可行性主要表现在：第一，去中心化网络是以互联网技术为基本条件的，互联网技术发展数十年以来，世界范围内的互联网覆盖率、互联网技术普及率和用户使用深度均已达到前所未有的高度，而区块链技术系统的基础支撑正是来源于此，不存在任何障碍；第二，互联网时代的产业上下游链条不仅已经具备了基本的互联网应用基础，更重要的是，上下游链条在信息化建设和大数据应用方面均已取得一定的理论研究成果和实践应用场景，区块链技术系统的具体应用并不要求行业上下游用户具备专业的区块链底层技术的专业教育背景，进入和使用门槛不高；第三，现阶段区块链技术系统应用于产业具体实践的关键问题有两个，一是要尽快建立区块链技术系统在产业应用和实际应用场景中的技术标准，二是要加快区块链技术系统实际应用的基础设施建设。

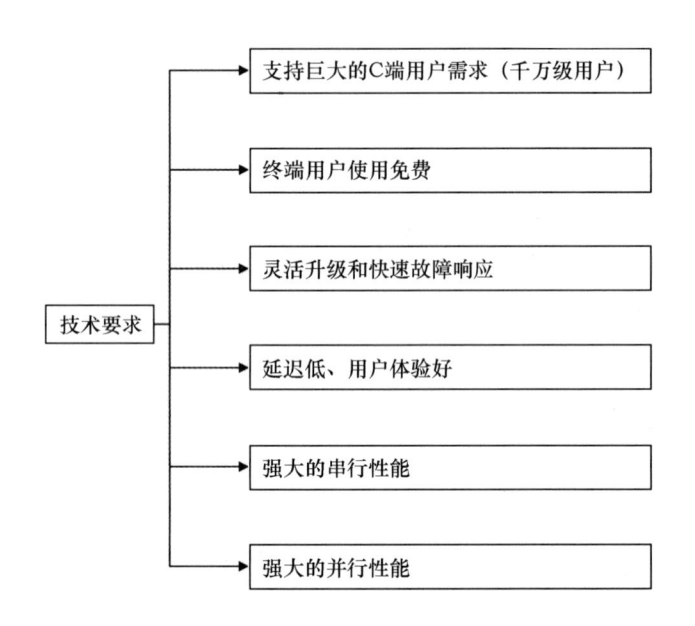

```
                    ┌─── 支持巨大的C端用户需求（千万级用户）
                    │
                    ├─── 终端用户使用免费
                    │
                    ├─── 灵活升级和快速故障响应
         技术要求 ──┤
                    ├─── 延迟低、用户体验好
                    │
                    ├─── 强大的串行性能
                    │
                    └─── 强大的并行性能
```

图1—7　区块链技术产业应用的基本技术要求

区块链技术系统在行业应用技术上的可行性是毋庸置疑的，但从技术可行性上来说，要实现区块链技术的真正落地，还需要区块链技术在行业应用和场景落地时具备一些基本条件，如图1—7所示。第一，区块链技术在行业应用时应该支持众多用户同时并发量的要求。这一条件意为需要能够容纳足够多的终端用户同时使用，而不能只是少量用户，这对于面向C端的包括零售行业、门户网站、约车出行等行业来说意义重大，在国外竞争对手已经实现众多用户同时体验的同时，如果不具备支持众多用户同时使用的条件，区块链技术的行业应用将成为空谈。第二，对C端免费。区块链技术的行业应用需要有相应的商业模式和利益分配模式，但其中一个标准就是不能让终端用户付费，应该对终端使用者、消费者免费，只有这样，区块链技术系统的行业应用和场景落地才会有推广铺开的实践基础，在此过程中，基础设施提供商和分布式平台开发商的收益来源应该从庞大的用户量基础上进行合理、科学的设计，但无论如何安排，对终端用户免费应该是重要的区块链技术应用过程中的基本保证。第三，灵活升级和快速故障反应。由于针对终端的用户群体过于庞大，任何类型的升级不便或长时间故障都是在终端应用时所不能接受的。灵活升级的要求主要因为区块链技术是不断发展演化的，在此过程中区块链技术在行业的应用应该是随着终端需求而不断延伸拓展的，升级灵活成为最基本要求。快速故障反应指的是当应用系统出现故障时，应该能迅速、完整地解决问题，如果不能够很快地解决故障，一是给予终端用户的使用体验不好，二是存在由中断交易带来的各类交易风险和交易成本的增加。第四，延迟低、用户体验好。以零售行业为例，使用区块链技术进行交易如果延迟较高，将会严重影响消费者使用体验和商家的经营成本，对区块链技术的推广应用会带来致命打击。凡是针对终端用户的区块链应用，终端的使用体验永远是重要因素。第五，串行性能较好。在区块链技术应用过程中，由于存在信息打包和传递，有些应用程序需要操作系统具备较好串行性能，因为这些程序在执行时是有先后顺序的，而大量交易同时出现时，拥有较好串行性能的区块链应用平台将会有更好的使用体验和广阔的应用市场。第六，并行性能较好。除了要具备较好的串行性能之外，并行性能同样重要。在较大型的区块链应用平台执行过程中，大型程序需要在全网实现分布式计算和工作负载平衡，其主要原因在于区块链技术平台的横向和纵向技术延伸和拓展，这就要求在同一时点上，该应用平台能够实现某个集群范围内的迅速调度和动态平衡，无论是串行性能还是并行性能，都是影响区块链技术行业应用的重要因素。

在上述六个因素之中，区块链技术应用于行业实践过程中最需要关注的是由区块链技术带来的交易性能是否能够满足众多用户同时交易的应用场景。根据区块链技术的底层代码规则来说，传统公开的区块链系统能够容纳的并发量并不大，这是直接应用于行业场景过程中的主要障碍。目前根据传统公开的区块链技术底层代码设计，只能支持每秒约 7 笔交易同时进行，这无疑是区块链技术行业应用的很大障碍，无论是区块链的技术开发者还是行业应用者，大家都在关注这个并发数能否实现较大规模的提高，因为目前的技术实际并不能满足高频交易的需求，与并发量类似的另一个指标是延迟确认问题，目前的区块链技术对交易行为的确认约需要 1 个小时，这个延迟时间也是不足以满足区块链技术在行业中的大规模应用，因此凡是按照传统区块链技术部署的行业应用从目前来看都容易造成区块链网络拥堵。同时并发量和延迟确认这两个问题的解决有几个方面的措施，第一是可以尝试提高单一计算节点的计算性能，在优化策略的条件下，提高计算能力；第二个办法是可以尝试将链上交易信息放到链下来处理，等链下处理完毕之后再上传至链上，链上只记录关键和最终信息，2018年至今区块链技术领域出现的闪电网络、侧链和影子链等技术构想都源自这个设计思路。这样的技术路线可以将区块链技术系统的处理能力提高多个数量级。这是对公链的设计思路，如果是联盟链，处理起来会更加简单，因为联盟链条件下，用户范围较窄且具有一致性，此时可以进行系统的优化和个性化设计，以提升处理能力。

除了上述区块链技术的产业应用所具备的技术可行性之外，区块链技术的研究已经成为学术界研究的重要课题。某学科文献年度发表数量在一定程度上能够反映学者们对该领域关注程度及该领域研究现状，对文献数量年度分布的研究有利于发现该学科目前所处周期。在中国学术文献网络出版总库中，根据以"区块链"为关键词进行全网检索发现，国内学者自2014年即开始了对区块链技术和应用的研究，但数量较少，研究层次较浅，仅是对区块链概况进行了研究，关于技术本身和应用问题的研究还未涉及，2015年的研究成果与2014年相似，检索到的研究成果数量依然停留在个位数，数量不多，到2016年，关于区块链技术和应用的研究有了一定的增加，检索到的学术成果数量为105条，总体上看数量仍然偏少，2017年全年能检索到学术成果数量为400条，除了数量上的明显增加之外，研究主题和内容也开始侧重于对区块链技术的探索和应用落地的探讨。2018年研究区块链技术与应用的学术论文数量达到了1209条，增长速度非常明显，与2017年相比，增幅超过200%，此时的研究内容更加广泛，区块链技术的发展演化和行业应用已经有了较多的研究。进入2019年，相关检索条目达到了1494条，2020年1—10月，相关检索条目为1345条。在全部的学术论文中，区块链技术是目前学者们最热衷于研究的部分，在符合检索条件的文献中，关于区块链技术的文献占比超过70%。可以预见的是，关于区块链技术的研究还将会持续深入下去，区块链技术的发展演化和实际应用具有充足的学术研究基础。

与日渐全面和深入的学术研究成果相比，区块链相关的专利申请也是成果喜人。随着区块链技术蓬勃发展，区块链技术应用已延伸到数字金融、物联网、智能制造、供应链管理、数字资产交易等多个领域。为获得技术和市场上有利的竞争地位，全球专利申请数逐年攀升。根据佰腾网数据库显示，截至 2019 年年底，全球公开的与"区块链""智能合约""分布式账本""Blockchain""Smart Contract""Distributed Ledger"相关的专利申请已达到 22293 件，较 2018 年年底增长了 45%。从历年数据可以看出，专利申请由 2013 年年底开始呈现加速增长趋势，至 2019 年年底，年复合增长率达到 98%。[1]

二 成本可行性分析

基于前文所述，区块链技术系统应用于产业实践具备技术上的可行性，成本可行性也是需要考量的关键问题。成本可行性主要指产业上下游各方在进行区块链技术系统的实践应用过程中的成本收益比是否合理的问题。区块链技术系统在产业应用的成本可行性分析应该从两个方面来看待：第一，从区块链技术应用落地的使用主体角度来看，区块链技术系统的引入，从软硬件的角度衡量，成本开支十分有限，而且不会对现有的业务流程产生消极影响。在不远的将来，区块链技术体系的国家标准出台之后，各行业相关利益主体在应用过程中会有模块、平台和专利等方面支出，这样的必要支出对大多数产业相关利益主体来说都是可以接受的。第二，从使用区块链技术系统前后的成本收益对比角度来说，区块链技术体系的应用，能够显著降低产业上下游相关利益主体之间的交易成本、提高交易效率，同时还能够显著降低自身的运营成本，各利益主体受益明显。从成本收益比的角度分析，区块链技术体系的产业应用具有较为明显的成本可行性。

从各市场主体部署区块链技术的角度来说，区块链项目的成本取决于想要实现的目标。从广义上讲，区块链技术的应用可以有两种部署方式：第一种是使用公有区块链网络构建"分布式应用程序"（DApp[2]）为公司构建企业区块链。如果正在构建一个去中心化的业务模型，您将使用加密

---

[1] 数据源自货币研究院《全球区块链产业发展全景（2019—2020 年度）》。
[2] 类似于互联网，让区块链变得有用的所有期待都寄托在应用上，通常人们也称之为去中心化应用（DApp）。

货币来进行"点对点"（P2P）交易，您很可能会构建一个 DApp。第二种是计划实施区块链以提高企业效率，此时就更需要部署用于"企业对企业"（B2B）平台的区块链。由于监管要求，此类系统有数据隐私方面的要求。它们还需要可扩展性，因此，公共区块链不太适合这类项目。这两种项目完全不同，项目要点将会不同，成本也不尽相同。成本问题主要取决于以下几个因素：一是基于公有区块链项目的费用组成部分，此时开发区块链技术项目时，基本上是在开发 DApp。大多数开发人员使用以太坊区块链网络，他们使用以太坊虚拟机（EVM），需要使用某种汇编语言对智能合约进行编码。他们将为 DApp 开发一个加密通证。程序员还将设计和开发 DApp 前端。即使这样，您也将是在利用现有的基础设施。该项目的另一个关键方面是需要 web3.js、Truffle 等开源工具。二是区块链开发人员的成本。区块链开发人员在瑞士的平均年薪为 12 万—18 万美元。在美国，自由职业区块链开发人员可能会按 150 美元或更多的时薪收费。在中国、印度等国家，这一成本会有很大差异。第三是项目复杂度。有许多因素可以合并来定义区块链项目的复杂性。清楚地了解最终用户面临的问题，现有解决方案是什么，投资区块链项目的需求是什么，以及您的区块链项目如何提供更好的服务。这将有助于您确定应投资的区块链应用/解决方案的类型。共识机制，选择哪个公有区块链项目平台和技术栈决定了项目的复杂程度。

基于上述讨论的几种成本构成，可以预见，即使区块链技术这几年在项目应用上益处多多，但是区块链技术的运行和维护成本上升将是不争的事实。而区块链技术要想实现大规模的产业化应用，成本降低或成本可控是必要条件。基于此背景，针对区块链技术运行和维护成本上升的问题，有些公链已经开始着手解决此问题，并已取得较多成果，以以太坊的公链系统开发和实施的应用场景为例，首先在数据存储成本上，考虑应用效率和可靠性，以及相应的可扩展性方面，系统部署全量节点，存储方面的预算将会持续上升。另外，大量的智能合约是需要在节点机器上注入专门的虚拟机执行，这对于实际节点服务器的运算能力要求极高，进一步提升了硬件购置消耗和维护成本；区块数据同步和智能合约执行都同样需要消耗大量的网络带宽的网络开销和成本上费用也不相上下。除此之外，现今已知的区块公链大部分采用 PoW 共识机制，而这种共识机制的关键不足在于需要堆积大量的计算硬件用于维持共识机制的可信网络，即使在公司级应用转换成私链,也需要增加额外的共识计算节点,这也大大增加了计算成本。针对区块链去中心化给企业项目带来的极大成本的问题,就算是进一步采用"链外"存储方案,存储成本也将会进一步提升。现有某些区块链应用平台已经敏锐捕捉到了随着区块链技术的不断拓展应用成本可能升高的现实问题,专门针对成本问题进行了专项攻关,目前已初步取得成效,提供了相对应的比较完善的应对解决方案。这个解决方案的主要思路即是模块化开发,通过实施模块化开发可以具备以下几个优势:第一,可扩展性强。区块链技术的应用平台随着不断发展需要具备很强的可扩展性,而模块化设计方案有效地解决了更新成本过高、更新困难和用户体验不佳等关键问题,为新功能的加入创造了更加便捷的条件,与此同时更重要的是模块化的开发思路降低了产品开发和实践落地应用的难度和门槛,降低了推广成本。第二,模块化的设计思路能够支持开发者采用多种汇编语言进行横向合作编译,不断测试开发效果,保证区块链技术应用平台以更低的成本和更合适的底层逻辑来投入到实践应用中去。第三,模块化的开发思路可以允许不同利益主体间进行优势互补、各取所需,根据实际应用模块进行价值交换,有效地降低了区块链技术平台的开发成本,更加丰富地拓展了应用场景。从人类现代社会的任何一次技术进步效果来看,新技术的应用最终都会向更加高效、更好的用户体验和更低的成本方向发展,效率和成本是任何一种新技术应用时的必然难题,对于区块链技术来说更是如此,根据现有的区块链技术拓展现状和进度来看,以更高效率和更低成本将区块链技术系统投入行业应用是完全可行的。

三 组织可行性分析

2019年10月24日,中央政治局集体学习区块链技术,习近平总书记发表了重要讲话,区块链正式成为国家战略。在世界各国对区块链展开研究并落地实施的过程中,中国无疑赢得了先机。在区块链技术体系产业应用的过程中,政府推动的作用不可或缺,主要表现在:第一,制定技术标准。区块链技术体系规范了该技术的底层运行逻辑和技术路线,但是在应用过程中,区块链技术系统是需要不断发展完善的,这就需要尽快建立标准化的技术执行标准,不仅对区块链技术体系的产业应用推广具有至关重要的作用,而且对中国占据区块链领域的大国博弈领先地位也是十分必要和有利的。第二，规范市场秩序。在区块链技术体系普及落地的过程中，除了技术标准的制定，市场秩序的规范也十分重要。一方面需要引导市场认知把区块链和各类不规范的代币发行严格区分开来，保护广大人民群众的自身利益，同时也是为区块链技术系统的落地应用营造良好、正面的舆论氛围。另一方面需要严格规范区块链落地场景中的运营规范问题，可以尝试建立政府主导、行业推动型的区块链推广应用模式，在落地应用早期，引导各个产业利益主体正确认识、科学使用区块链的去中心化网络，从大局出发正确面对早期可能会出现的区块链技术体系的不足和漏洞，为区块链技术体系的落地应用创造良好的条件。

区块链服务网络具有安全可控可监管、完全自主创新、开放包容可持续等特点。随着区块链服务网络逐步适配5G、物联网和人工智能等前沿科技，将为我国智慧社会建设和数字经济发展提供高质量、定制化的技术服务平台支撑和可信、可靠、可扩展的基础设施服务载体。

区块链技术行业应用一直在推进。2019年10月15日，由国家信息中心牵头，中国移动通信集团公司、中国银联股份有限公司等6家单位共同推进实施的区块链服务网络正式对外发布。区块链服务网络是由国家信息中心进行顶层规划，中国银联和中国移动运用相关区块链技术及已有网络资源和数据中心进行自主研发并成功部署，跨公网、跨地域、跨机构的全国性区块链服务基础设施平台。区块链服务网络致力于改变目前联盟链应用的局域网架构高成本问题，以互联网理念为开发者提供公共区块链资源环境，极大降低区块链应用的开发、部署、运维、互通和监管成本，从而使区块链技术得到快速发展和普及。区块链服务网络可以被视为是基于互联网数据传输协议，加入了组织间的共识机制的第二代智能专业互联网。该服务网络由6家单位联合发起，负责服务网络管理、运营和维护等工作。服务网络的所有事宜，包括规划设计、技术标准、开发运维管理、运营模式、服务定价和对外合作等，均由发展联盟根据内部机制决策和执行。未来，发展联盟将邀请更多具有相同理念并具备相应技术积累和运营经验的组织机构加入，加快资源共享和开放合作，推动区块链产业生态整体降本增效、转型升级和高质量发展，促进区块链公共资源环境优化和产业生态价值提升。

业内一致公认，区块链技术能够给人类社会带来巨大变化，其重要标志就是实现了人类社会从信息传递到价值传递的转变，区块链技术将与互联网技术一道改变世界。现有的区块链服务网络致力于打造跨行业、跨区域、跨机构的区块链服务基础设施，将改变目前联盟链应用的高成本局域网架构。在国家信息中心的统一规划和组织下，依托自身强大的网络资源和丰富的运营经验，迅速建立遍布全国的城市公共节点网，加速推进了区块链服务网络基础设施建设，为区块链服务网络的快速部署和各项工作的高效开展，发挥了重要作用。各家单位将加大资源投入，积极投身服务网络的建设和运维，加快推动服务网络生态建设，支撑区块链应用的加速发展。区块链服务网络是一个跨行业协作的基础服务设施，其建设具有多方面的意义：一是促进区块链行业发展，二是打造区块链创新应用示范，三是激发区块链创新活力。探索一种新的业务合作模式，开展业务创新。

区块链技术的运营治理环境**和**系统融合问题将非常值得关注。现代企业的信息化程度较高，大部分企业内部业务模块和群组之间已经部署有信息化平台和中心化数据库，包括但不限于数据库机房、信息化管理系统等等。区块链技术在进行行业应用时，会面临两个问题，第一个问题是区块链系统的导入与之前的信息化系统到底是什么关系，两者之间是互补关系还是替代关系，功能重叠的程度有多大，第二个问题是区块链系统与其他信息化系统如何共存，如何进行平稳过渡，以及如何进行分工等，这都是区块链技术在应用过程中的重要问题。这两个问题将会为区块链技术的应用落地奠定良好的基础。另外，虽然大部分区块链系统在平台层面都支持了非中心化机制，在运营和治理层面却往往做不到那么非中心化。以比特币网络为例，历史上多次发生过大部分算力集中在少数矿池的情况，同时软件的演化路线集中在少数开发者手中。运营和治理机制是现有区块链系统中普遍缺失的，但它决定了区块链技术的落地难度和实用性，必须尽快解决。同时，在区块链技术落地应用之后，如何在同一个区块链技术生态圈内各自分工、共同维护，多个参与主体之间权限如何分配、分歧如何解决，以及后续的应用技术该怎样演化，这都需要去从战略思维中精心设计。同样的对于联盟链的落地应用，不同企业主体之间如何共同维护保证系统持续正常运行，生态圈内的企业之间是否需要设立以及设立怎样的投票机制，都是区块链技术应用落地后需要认真面对、精心设计的重要问题。

四 风险可行性分析

新技术的应用都会带来正反两方面的效果，在区块链技术系统落地应用过程中亦是如此。现阶段对区块链技术系统的落地应用的主要风险和顾虑主要表现在数据接口的开放和各利益主体的隐私保护方面。从区块链技术体系的底层技术逻辑来看，区块链技术体系要在实践应用中取得成效、发挥作用，最基础的步骤即是各利益主体信息、数据和交易的上链，在此过程中不可回避的问题即是数据开放和隐私保护问题，从区块链的技术本身来看，降低交易成本、提升运营效率与保护各相关利益主体的隐私并不矛盾，上链信息和交易数据可追溯、不可篡改，但是是匿名的。在此过程中，首先需要解决的问题即是各利益主体对区块链技术应用的隐私不受保护的顾虑，这需要全社会共同努力，通过政策引导、行业培训等方式来解决。与此同时，在区块链技术体系落地应用过程中所需要依赖的平台和客户使用终端来说，需要通过技术手段将用户标识与信息数据、交易行为的上链行为切割开来，达到信息数据和交易行为的不具名属性，从而达到使数据和交易行为可追溯、可查询的技术使用条件，同时也能实现保护各利益主体的相关隐私的目的。区块链技术在行业应用中所带来的风险有以下几个方面。

第一，共识机制挑战。对于区块链中的共识算法，最终仍是一种加密算法，随着量子计算等先进超强计算方式的到来，基于密码学、算法学和计算机技术的加密算法能否被更新的、更强大的智能计算机破解，从理论上来讲存在一定的可能性。这个风险需要经过一定时间的检验，当然面对这个问题，区块链研究者并非是束手无策，从理论上来讲，要解决超级计算机的暴力破解问题，最根本的就是加快区块链技术的更新和演化节奏，补充完善新的加密算法，从而使破解难度呈现指数级增长，以此来应对超级计算机的暴力破解问题。与此同时，与每一位用户息息相关的账户安全问题同样值得关注，与公钥对应的私钥如何保管、如何防范窃取也是一个值得关注的风险之一。

第二，双重支付问题。在区块链技术机制里，如有全网超过51%的算力受到集中控制，那么在理论上就有可能出现通过交易回滚的方式来篡改全网交易数据，此时加密货币就会出现双重支付的风险，原因就在于多数节点可以一致意见去修改全网账本。当然，尽管截至2020年中国的算力总和已经超过了比特币全网算力的60%，但回滚交易的双重支付却从未出现；由于整个区块链行业发展迅猛，从事区块链整个链条上的第三方，如开发者团队或平台规模相对小，无形中存在一定风险系数，而数字货币存储的钱包漏洞，也不容忽视。如Parity多重签名漏洞，是开发人员在写代码的时候没有实现好设计的协议，导致黑客可以调用不该调用的函数，访问不该访问的数据。假冒网站钓鱼，黑客通过伪造网站，冒充正规的交易所，有人在上面交易，造成账号密码泄露，而后自身资产被转移。与此同时，网站后台权限被控制，导致正常交易地址被更改，从而出现资产损失。目前区块链技术仍然处在快速发展和不断演进中，此时会出现安全漏洞尚未弥补、规则存在缺陷等各类安全性隐患。尽管技术在不断提升，但也不能否认存在影响整个区块链生态系统安全的问题，保持谨慎的态度、减少因安全问题带来的利益损失、提高技术安全风险系数显得尤为重要。

第三，区块链技术的扩展性问题。对传统的中心化或分布式技术系统来说，通过简单地增加计算节点来拓展系统的运算能力十分常见，但是对于区块链技术系统来说，这样的简单增加并不能解决问题，关键原因在于区块链技术的系统性能更多地依赖于单个计算节点的处理和计算能力，单个节点必须要具备很高的性能，安全稳定的状态和较强的解密能力。比如对现有的区块链技术系统来说，全网计算节点全部都要参与交易行为的记录、验证和维护，尤其是对于具有智能合约性质的以太坊来说，全网每一个计算节点都要参与验证，所以每一个节点都要保持一份完整的数据信息，以便进行智能合约的处理。在此背景下，单个计算节点的处理能力往往就是全网总计算能力和维护能力的短板，随着全网计算节点数量的大幅增加，全网验证的延迟很可能会由于单个节点计算能力的降低而大幅降低，如果在广泛的互联网大众参与的计算节点中，有大量的计算节点是具备低处理能力的节点，此时这种制约效果更加明显。解决此问题的其中一个思路是，是否可以对全网计算节点进行分类，同时根据不同的计算能力给予不同的分工，比如采用多层结构来处理集中交易，尤其是在一定范围内使用的联盟链落地时，可以将不同计算能力的节点进行分类和分工，将计算处理能力较弱的节点当作访问功能来使用，将计算处理能力较强的节点当作核心的记录和确认节点。在实践中，公证人机制往往需要依赖第三方的公证人，存在中心化的弱点；侧链/中继链锚定机制目前应用在资产类转移场景,依赖不同链之间的合约配合;哈希锁定在闪电网络中最早提出,并应用在 W3C 的 Interledger 协议中,目前只支持支付类交换操作,而且要求双方账本理解彼此合约。超级账本的 Quilt 项目和 W3C 的 Interledger Payments 工作组已对此问题开展研究,但离通用的跨链需求还有距离。目前来看,要想解决跨链的扩展性问题,需要有办法打通不同框架,类似路由器来沟通不同的子网。

除了上述问题,区块链安全问题还包含多个方面。比如说传统的安全问题,包括私钥的保护、应用层软件传统的漏洞等。另外,在区块链技术的演化过程中,新的协议规则也会出现,而新的协议规则是否会对区块链的运行规则带来一定的冲击,从而使之出现响应的漏洞也是值得关注的问题,尤其是因为区块链技术演化、功能拓展而可能带来的隐私泄露、数据分享和信息篡改问题都很值得关注,因为每一次此类问题的出现对区块链技术的负面影响都是巨大的。除了自身技术的演化之外,如何应对外部可能出现的技术攻击等问题依然重要。在此背景下,如何围绕着整个区块链的应用系统的设备、数据、应用、加密、认证以及权限等方面构筑一个完整的安全应用体系,是各方必须要面临的重要问题。当前区块链分为公有链、私有链、联盟链三种,无论哪一类在算法、协议、使用、时限和系统等多个方面都面临安全挑战。其中,在区块链规则协议方面,双重支付问题是需要观察和时间检验的重要问题之一,如何防范此种情况的出现,需要区块链技术的研发和应用群体共同努力。在使用方面,基于区块链技术的不可逆的特点,如何妥善保管私钥、不被窃取也是亟须解决的现实问题,这就给密钥管理带来挑战。实现方面,由于区块链大量应用各种密码学技术,在实现上比较容易出现安全问题。在系统方面,作为一个网络系统也存在黑客利用各种安全漏洞进行攻击的风险。有基于此,区块链安全涵盖了底层算法的稳定、基础架构的保障、应用环境的安全等各个环节,需要信息安全各方面密切配合,群策群力。从标准化角度,区块链更需要标准的规范和安全保障,一个真正的系统、平台要落地应用,需要全局思想去支持。

第三节 区块链技术与现代流通业融合发展的理论诠释

区块链技术与现代流通业融合发展的本质内涵在于通过区块链技术为现代流通业赋能。流通体系在国民经济中发挥着基础性作用，构建新发展格局，必须把建设现代流通体系作为一项重要战略任务来抓。[1] 改革开放40多年以来，流通业在国民经济中的地位和作用已经得到一致认可，流通的作用日益显现，基础性、先导性产业地位不断增强。同时，流通也是市场化程度最高的领域之一，是社会生产顺利进行的必备条件，也是实现经济循环不可或缺的重要环节。"十四五"期间流通体系的主题是现代化，构建现代流通体系，以流通升级带动消费和制造业的全面升级，实现流通从连接生产与消费的桥梁向融合生产与消费并创造价值的产业转变，从在国民经济中地位和功能的提升到在全球经济中地位和功能的提升，为构建"双循环"新格局提供有力支撑。在此背景下，利用包括区块链技术在内的数字经济新技术为现代流通业赋能，破除和破解流通业发展过程中的各类障碍和问题，促进现代流通业实现高质量的发展，应是区块链技术与现代流通业融合发展的本质内涵。

区块链技术与现代流通业融合发展的根本意义在于利用区块链技术为内的各类数字经济新技术带来的发展红利。一方面，近年来，复杂多变的国际局势为我们带来很多机遇和挑战，传统的经济增长逻辑受到质疑，数字经济等新技术对于世界的颠覆性影响和根本性改变已经得到世界各国的一致认可，摸索出一条符合我国国情的数字经济新技术应用于各行业场景的标准范式和使用标准，对于数字经济促进经济发展这一新动能能否有效地发挥作用至关重要。进一步地，区块链技术与现代流通业的融合发展问题，也是区块链技术应用于实体经济的重要先导性样本，基于区块链技术与现代流通业融合发展的可行性，区块链技术应用于现代流通业不仅是必要的，也是恰当的。这一样本对包括区块链技术在内的数字经济新技术应用于实体经济从而实现产业数字化转型升级具有重要意义。

---

[1] 2020年9月9日中央财经委员会第八次会议。

第二章 现代流通业发展现状和问题

第一节 现代流通业发展现状

一 现代流通业的地位和作用不断提升

中华人民共和国成立 70 多年，中国流通业的发展成就令世人瞩目。流通业在国民经济发展中的地位和作用不断提升，随着流通业的不断发展，产业地位实现了由末端到先导的转变，逐渐成为满足人民群众对美好生活向往进程中的重要力量。

流通业在中华人民共和国成立以来的发展可以分为四个阶段：第一个阶段是中华人民共和国成立至改革开放开始之前。这期间的流通业发展首要任务是符合社会主义计划经济体系的要求，在此基础上为恢复经济建设服务，为达到这样的目的，流通业的发展主要表现在对私营个体商业经营的限制和约束，同时严厉规范市场秩序，严格控制和打击扰乱正常市场秩序的各类投机倒把行为。进入社会主义改造时期，为了实现保障供给支持社会主义改造顺利进行的总目标，主要对私营商业行为进行了限制和缩减，这段时期私营商业占比极微。直至改革开放前夕，流通业的流通渠道较为单一，以国营经济为主实行统购统销。第二个阶段是从改革开放到中国加入 WTO。自改革开放开始到 20 世纪 90 年代初期，流通业经历了向多种所有制转变的萌芽探索时期，商品经济初步展开。进入 20 世纪 90 年代，流通业迎来了快速发展时期，主要表现在于现代流通企业的成立尤其是国务院批准设立了 15 家中外合资零售企业，多种所有制商业经营主体逐渐发展壮大，成为该时期流通业市场中的重要力量。第三个阶段为我国加入WTO到党的十八大召开。中国加入WTO之后，零售市场对外开放步伐显著加快，针对流通业开放的政策持续出台，以大型综合性超市和仓储式商场为代表的众多具备先进管理经验和雄厚资金实力的国外零售巨头纷纷进入国内，国内传统商贸流通企业一度遭受较大冲击，但事物作用的两面性也同时显现，随着国外零售巨头的进入，具备现代流通经验和管理水平的新型流通业态得到迅速推广，一大批本土流通企业在吸取国际先进经验和技术的基础上，在经营实践中注重彰显本土特色，从而实现了快速发展。第四个阶段为党的十八大至今。党的十八大以来的流通业发展面临了新的形势，在"两个一百年"必须实现和中国经济进入新常态的时代背景下，"互联网+"为流通业的发展赋予了新的动力，流通业发展真正进入到了高质量发展阶段，流通体系空前完善，流通业态空前丰富，流通渠道空前畅通，基于互联网渠道的商贸流通业出现了零售数字化等多种新的发展方向，流通业的全面高质量发展局面正在形成。

与流通业的发展阶段相对应，中国流通业在国民经济中的地位和作用也随着流通业的发展壮大而越来越重要。在计划经济条件下，流通业并不受重视，甚至受到挤压，以至于会有投机倒把等罪名的出现，此时的流通业并未发挥出应有作用，商品流通远不能与商品生产相提并论，商品的丰富仍是经济社会发展的第一要务，而商品流通的重要性并不能完全显现，流通业地位和作用十分有限。进入到改革开放之后，商品流通初步发挥作用，此时流通业的发展是伴随着商品不断丰富而发展壮大的，商品丰富之后的流通业已经初步肩负起推动生产、引导消费的重要功能，流通方式逐步实现了多样化，商业业态开始丰富，此时的流通业被定位在以较少的流通渠道和流通环节来实现生产和消费的衔接上。20世纪90年代，随着中国多个经济特区的设立，流通业的地位和作用进一步得到了发挥和展现，尤其是中外合资商业零售企业的试点建立，成为了流通业国民经济地位提升的重要标志，在这一时期，随着社会主义市场经济体制的建立，流通领域在发展壮大过程中的种种问题也随之出现，流通业越来越得到了领导同志的重视和关注，解决流通业存在的问题和发展好流通业逐渐成为共识。进入21世纪，随着商品极大丰富和供大于求等供需不平衡现象的出现，流通业的地位进一步提升，流通业在衔接生产和消费过程中的作用进一步得到认可，为了促进生产、引导消费，此时的流通业受到了前所未有的重视和关注。党的十八大以来，流通业的地位和作用前所未有地被提高至基础和决定的地位，流通业被认为是经济社会发展的基础性和先导性产业，流通业的重要作用得到了充分的认可。在供给侧结构性改革中，流通业的地位和作用更加显著，人们对流通业的地位和作用有了更新的认识，除了之前已经达成共识的流通作为衔接生产和消费的重要环节之外，流通业还被界定为能够推动商品流动和价值实现、促进消费扩大内需的重要作用，尤其是随着海外代购、跨境电商等新业态的出现，流通业还在提升国内技术进步和促进品质消费等方面发挥了重要作用。流通业的发展直接影响到了供给侧结构性改革的效果。

现阶段流通业的重要地位和作用主要体现在：第一，流通业承担了重要的市场信号传递的功能，从而达到了改善生产的目的。尤其是在商品极大丰富、供大于求成为常态的当下，如果流通业发展滞后，那么就不能在市场上充分反映商品的供需双方意见，商品库存高企，不能够通过流通业获取真实的市场信号，最后造成生产商掌握不到市场信号、消费者无法消费的双输局面。流通业的市场信号传递功能不能发挥，严重影响了国民经济发展的质量和效率。同时，上游生产商也无法通过流通业来获取先进的商品，技术进步乏力，反过来继续影响生产商满足终端消费者的能力，负面反馈就此形成。因此，健康快速增长的流通业对国民经济的增长促进作用是显而易见的，现代化的流通业能够更好地衔接生产与消费，为上游生产商提供更加全面、准确的市场信号，助推商品供应者不断以技术进步来更好地满足市场需求，从而更好地满足消费者品质消费的实际需求，增进人民的幸福感和获得感。第二，流通业的发展壮大催生了新的业态和商业模式的出现。在信息化和移动互联时代，流通业的发展呈现了诸多新的特点，现代流通业的"互联网+"步伐加快，各类商业模式不断迭代。以零售行业为例，随着"互联网+"时代的到来，传统实体型零售行业受到了巨大冲击，转型升级势在必行。同时随着移动互联时代的到来，基于互联网背景下的各类商业模式不断迭代，传统以售卖商品为主的商业模式逐渐被以经营客户关系、建立新型消费者良性互动关系为目的的商业模式所取代。与此同时，随着大数据、云计算和共享经济时代的到来，流通业的资源整合能力和跨界发展能力前所未有的增强，在合理配置自身资源的基础上，实现供应链上下游协调联动、一体化发展模式日益清晰，基于云计算和大数据技术下的消费者画像技术已经成熟，精准营销、定制化营销已成主流，在企业资源配置能力增加的同时，自身资源的利用效率也大大提高，流通业价值链重构已经实现，跨越式发展已在眼前。第三，流通业的上下游拓展能力大幅增强。流通业与制造业已经实现无缝衔接，消费者的需求能够被及时传递，个性化需求时刻能够被满足，由于流通业的作用，生产者与消费者之间的鸿沟已经消失，取而代之的是需要考虑如何能够更好地满足人民群众对美好生活的向往，以流通业为先导满足人民群众高品质的消费需求，通过海外代购、跨境电商等新业态的出现，上游生产商向更高标准的生产水平看齐，主动推动自身技术进步和产品研发，希望以核心技术为竞争优势占领市场先机，不断注重自身产品的更新和产品迭代，个性化需求和定制化需求已经能够得到满足，品质消费的氛围已经形成。

在流通业在国民经济中的地位和作用日益提升的当下，中国流通业的发展仍然存在一些不足，主要体现在流通业要素配置效率不高、低层次恶性竞争仍然存在和技术进步缺乏动力等多方面。首先，中国目前流通业集中度不够，从整体来看企业数量不少，但是规模普遍偏小，造成的后果是规模经济效应无法体现，低层次竞争较为严重，更多的企业在经营中路径依赖现象严重，主动开拓新的市场意识不足，小富即安的观念意识仍然存在。其次，流通业在上下游发展中的贴合度仍然不够。流通业协调生产与消费的作用体现不太明显，促进生产和引导消费的作用发挥仍然不足，供需之间的结构性失衡问题仍然没有解决。最后，流通业信息化程度不够，尤其是打通流通业各环节之间的信息化平台建设仍不完善，行业效率亟待提升，服务品质消费的引导作用发挥并不充分。在今后的若干年内，流通业作为衔接生产和消费的基础性作用不会改变，流通业引导生产和促进消费的功能也不会改变，这就需要我们用宏观视野来深入研判流通业的发展，通过新技术的运用和新的视野格局推动流通业健康发展。

二 现代流通业的规模和质量日益扩大

流通业地位和作用的不断变化是伴随着流通业规模和质量日益扩大而实现的。流通业在中国国民经济中的作用不断提升，成为中国对外开放进程中的极佳样本。经过数十年的发展，商品流通渠道极大丰富，商业业态层出不穷，关系国计民生的重要商品流通体系改革稳步推进，市场化价格改革成效明显，消费主导型的流通发展格局基本形成，商品流通极大活跃，流通业的市场化改革极大地推动了城镇化要素流动，推动了社会主市场经济的不断完善，助推了中国对外开放格局的进一步深化。具体说来，流通业发展的规模和质量日益扩大主要表现在以下几方面。

第一，流通的总量规模实现了巨大的增长，促进消费增长。1952—2018年，批发和零售业增加值由1952年的70.1亿元增长至2018年的84200.8亿元，增长1200倍；社会消费品零售总额由1952年的276.8亿元增加至2018年的380986.9亿元，增长了1375倍，年均增长率11.8%。从而超过美国的商业零售总额成为国内市场规模最大的经济体。在规模巨大增长的同时，流通业也提供了大量的就业岗位。从1999年开始公布批发和零售业就业人数以来，1999年年底就业人数为492.2万人，2018年年底的就业人数达到4008.2万人，全国批发和零售业、住宿和餐饮业企业法人单位从业人员共计4714.6万人。2018年住宿和餐饮业企业法人单位从业人员706.4万人，同比增长2.1%。2018年年底，全国批发和零售业内资企业从业人员3799.1万人。其中，私营企业从业人员2763.3万人，占全部企业法人单位的68.9%，私营企业从业人员在批发和零售业中占比近七成。中、西部地区从业人数增长相对较快。2018年年底，在全国批发和零售业中，东、中和西部地区从业人员分别为2373.4万、998.7万和636.1万人，东部地区仍是批发和零售业吸纳就业的主力，占比接近2/3。流通业在国民经济中的就业吸纳作用十分明显。[①]

第二，流通主体多元，业态丰富。限额以上批发和零售业法人企业数由1999年的27115个增加至2018年的211515个，增长了6.7倍。流通业主要是批发和零售企业，规模较小。这个数据还能从另一个方面体现出来，线下企业的比例和数量占多数。从商品交易市场来看，亿元以上商品交易市场数量由2000年的3087个增加至2018年的4296个，最多时达到5194个（2012年），增长了近50%。随着中国加入WTO，流通企业引进外资的数量也在快速增长。批发和零售业的三资企业数量由1999年的293个增加至2017年的7360个，增长了24倍，年均增长19.6%。中国市场的主体和就业人数大幅的增加，2018年商贸服务业市场主体人数达到6674万户，其中企业的主体1180万户，占17.6%，个体商户为5594.5万户，占82.4%，整个内贸流通行业市场主体的数量占全国市场总署的68%，超过了2/3，高居各行业首位。2017年全国商贸服务业就业总人数

---

① 数据源于国家统计局第四次全国经济普查数据。

达到1.9亿人,占全国就业总人数的24.8%,占第三产业就业总人数的一半以上。

第三,流通业集中度逐渐提高。根据中国商业联合会、中华全国商业信息中心统计,2018年零售业百强的销售规模超过7万亿元,占社会消费品零售总额的比重近20%,百强增速明显高于行业水平,头部集聚效应持续扩大。从统计数据来看,零售业百强企业销售规模由2001年的2538亿元增长至2018年的73502亿元,增长了28倍,年均增长21.9%;零售业百强销售规模占社会消费品零售总额的比重由2001年的5.9%扩大至2018年的19.3%;2002—2018年,零售业百强销售规模的增速在大多数年份高于社会消费品零售总额的增速。① 零售业百强企业,也就是规模比较大的企业在市场中的竞争实力在不断地提升,对消费者的吸引力不断提升,故而在消费领域占得比重在提升。

第四,流通业业态极大拓展和商业模式创新不止。流通业过去几十年的发展取得了巨大成就,从流通业业态来看,时至今日商业业态极大拓展,我们以较短的时间完成了其他国家较长时间才能完成的变化,40年来,中国的商业零售业以百货商场、副食店、粮店、集贸市场为主,发展成大卖场、仓储式零售、便利店、购物中心、大型商超、专卖店等各类社会商业几十种零售业态和居民服务业态,琳琅满目、丰富多彩。尤其是近十年以来,中国的网络零售业异军突起,从零开始,迅猛发展,以超过20%、30%的速度高速发展。2018年网络零售占全社会零售总额的比重达到17.4%,这个指标在世界各经济体中稳居第一。

第五,流通业数字化创新成果丰硕。近年来随着云计算和大数据技术的普及应用,商业零售领域出现了很多新的变化,业态更加丰富,模式极大拓展,尤其是随着人工智能的逐渐应用,智能AI技术为人民群众的生活带来了极大的便利,无人超市、机器人餐厅和智能家居等新应用和新服务相继出现,此外,越来越多的自动化生产在流通业对传统劳动力产生了替代,劳动密集型的流通业传统格局正在发生较大转变,流通环节的交易环节智能化程度也在不断提高,趋势愈加明显。

第六,流通业对外开放成效显著。改革开放初期中国商业零售业的对外开放一直处于试点和探索阶段,中国加入WTO以后,商业领域对外资

---

① 数据源于中国商业联合会、中华全国商业信息中心发布的《2018年中国零售百强排行榜》。

全面开放，中国商业企业家与狼共舞，与外国著名商业企业同场竞争，快速成长起来。有的著名的外资商业企业从当年开放初期一度在中国各地享受事实上的超国民待遇，转变到现在主动要求实行平等待遇。现在中国的商业企业家在与外资商业的竞争中显得底气十足，外资商业主动寻求与中资商业的合作，甚至有的外资商业门店被中资企业收购。在流通业对外开放达到新的水平的同时，我们也可以看到，流通业对经济增长的贡献作用愈加明显，流通业对上下游产业链的带动作用日益显著，现代流通业对消费的促进作用已经达到前所未有的程度，对国民经济的直接贡献连年攀升，2018年通过流通业实现的最终消费支出对经济增长的贡献率达到了历史性的78.5%，比2017年的58.5%上涨了20个百分点。

第七，流通业与制造业等实体经济的协同发展格局已经形成。流通业除了对促进消费产生了显著影响之外，还对包括制造业在内的实体经济产生了积极的辐射带动作用，流通业与制造业等实体经济的协同发展格局已经形成。其主要表现在流通业对包括制造业在内的实体经济具有了显著的引导和导向作用，尤其是随着流通业中新技术的不断应用，智能化消费者画像和个性定制化生产需求显著挖掘了传统制造业的生产潜能，通过流通业的发展推动了传统制造商在差异化经营模式上向纵深发展，与此同时，流通业发展过程中的网络覆盖也大大拓展了传统生产商的市场空间和目标客户群体。农村电商的发展显著促进了城乡资源的不均衡配置，流通业多种流通渠道的建设完善也为传统实体经济行业的发展提供了较大的增长空间。

面对显著的成就和巨大的贡献，我们流通业仍然应该保持清醒的头脑，要充分认识到中国流通业存在的问题与困难。与实现人民美好生活相比，与国际先进水平相比，中国流通业还存在着明显的差距。中国流通业的城乡差距较大，截至2019年，人均流通设施和商业营业面积仅仅是城市的约1/10，农村的人均消费品零售额仅仅是城镇的约1/5。区域结构不太合理，2018年东部地区人均社会消费品零售总额3.5万元，是中部地区的1.7倍，西部地区的1.9倍。优质商品的供应不太充分，消费者升级性的需求在国内难以得到全面满足，出现购买力外流，目前中国居民每年赴境外购物的总额达到2000亿美元以上。流通效率和流通成本与发达国家差距明显。中国流通领域在市场上流通秩序、消费环境、企业营商环境和行业诚信建设等方面都还存在着一系列亟待解决的问题。

在当前中国推进实施深化改革的重要时期,现代流通业应该责无旁贷、主动作为。从区域上看,现代流通业应该统筹城乡发展、兼顾国际和国内两个市场,围绕如何更好地促进商品资源融通、如何更好地服务于实体经济做文章;从功能上看,现代流通业应该认真谋划如何更好地发挥国民经济先导性和基础性作用,真正在国民经济中起到润滑剂和助推器的作用;从发展路径上看,现代流通业应该谋划如何运用包括区块链、大数据和云计算等在内的新技术不断提升流通业发展效能,如何推动现代流通业标准化、信息化的实现,从而真正实现从高速增长到高质量增长的转变。未来流通业的发展将会面临国内外的复杂形势,在此背景下,现代流通业应该如何实现高质量发展值得认真思考。如何在共享经济模式下推动流通业发展与变革,更好地符合供给侧结构性改革的时代需要,以流通业的实际发展成果来兼顾国内与国外两个市场、城镇与乡村两个主体、线上和线下两个渠道,以实现科学均衡发展,将是摆在所有人面前的重要课题。

三 现代流通业辐射带动作用愈加明显

流通业地位和作用不断提升,发展规模和质量日益扩大,在拉动就业、促进消费、推动开放型经济格局形成上也发挥着重要作用。

国内外学者一致认为,现代流通业是经济发展的一个关键节点,这个产业涉及多个方面,如运输、物流等一些新兴复合型产业。流通业发展与经济发展具有重要关联,中国也对流通业发展给予了政策、资金等方面支持,现代流通业对经济增长的促进和贡献作用是显而易见的,其主要作用机理是流通业通过提升经济运行的效率发挥了促进经济的作用。众多研究成果表明,现代流通业对经济增长的影响和促进作用呈现了一些共性特征,国内外的特征类似。与此同时,流通业不同发展阶段对经济增长的影响和促进作用也是不同的,主要依据流通业的历史地位。除了对宏观经济增长具有重要的促进作用,流通业发展对不同地区经济增长的影响和促进作用也是有所区别的,因为从区域经济发展的角度来说,现代流通业通过衔接生产和消费,促进了经济体系中的要素和资源合理流动,进而通过提升资源利用效率实现了促进区域经济增长的作用,具体来说,现代流通业发展和区域经济增长之间存在一定正相关作用,两者互为条件、相互作用,流通业发展对中部、东部和西部不同区域的经济增长的促进作用稍有差别，因为在东部区域流通业发展对提升资源利用效率更加显著，因此流通业发展对东部地区经济增长促进作用也更明显，有数据显示，在中部、东部地区，商业和物流业同样也能够促进经济增长，这种影响效果比西部更加明显。

现代流通业的辐射带动作用除了上述对经济增长的重要作用之外，还能够显著促进社会就业。从理论上来说，流通连接了社会生产与最终消费，作为经济发展的支柱型产业，流通产业对社会经济的就业效应理应起到主导作用。首先，流通产业升级会推动我国产业结构转型，推动高附加值的信息服务性产业发展，通过流通服务性行业以及相关行业的发展促进就业增长；其次，自从网络零售业的兴起，推动流通业逐步转向虚拟化与信息化，运营流程复杂性不断提高，从O2O管理、网购管理、终端配送、仓储物流等供应链运营升级环环相扣，改变了传统流通业的运营模式，提高了对劳动者的学习能力与技能要求，涌现了众包物流、O2O零售、B2B批发电商等新型流通业态，加深了流通产业的分工密度，扩大了产业规模，降低了流通业创业门槛，也对专业性人才与技术性人才的需求更大。然而，流通业创新升级也将淘汰劳动技能单一的劳动力，一些传统体力劳动岗位也将消失，随着从劳动密集型转型为资本技术密集型，大量低素质劳动力面临失业危机，加之传统流通业人才入行时文化教育水平较低，现今年龄偏大而难以接受新知识，不适应使用现代化信息科技的工作环境。

近些年来，电子商务的飞速发展推升了中国流通业的产业地位，进入了流通先导性时代，令流通业以及相关服务性行业也迎来发展与转型契机，流通业规模扩大将提高就业容纳力，第一产业和第二产业的剩余劳动力逐步转移到流通业，同时推动高附加值的信息服务性产业发展，通过流通服务性行业以及相关行业的发展促进就业增长。随着流通产业的转型升级，也对其他岗位的就业产生挤出效应，尤其是传统流通业，2015—2017年实体零售业的倒闭潮极大程度上冲击了就业。同时，随着流通业与移动互联网融合加大，对流通劳动力的学习能力和劳动技能要求较高，特别是信息系统与智能技术的接受能力。总之，流通产业的发展能提高对就业的吸纳力，同时也改变了社会分工结构，淘汰部分传统的就业岗位，这种挤出效应导致就业受到负面效应。同时，流通产业的价值链升级也会对社会就业产生影响。价值链是由不同区域和不同产业组成的分工链条，分工链条上的企业相互协作创造经济价值，价值链升级将打破原有的分工形态。

具体而言,在信息技术的发展下,推动传统流通业升级为现代化流通业,如电子商务、O2O流通、新零售等,促使流通效率迅速提高,改变了流通业态、支付方式、物流服务等运营环节,劳动者的工作方式也发生了变化,从人工劳动转变为信息化办公,促使流通业逐步脱离劳动密集型,导致大量教育程度、学习能力、专业技能较低的劳动人口下岗或失业。另外,利用人工智能提升流通价值链的方式也不利于就业,在人工智能与流通业的商业模式融合下,无人零售、机器人配送、自动驾驶等的出现将取代人工服务,对可替代性较强的劳动岗位的就业量造成不利影响。

流通业的辐射带动作用同样体现在对消费的促进上。流通业的发展能够促进消费是不争的事实。流通业发展消费促进效应研究主要通过以下渠道发挥作用,第一,流通衔接了生产和消费,在促进商品要素融通的同时,也实现了市场信息的传递,生产能够更好地迎合消费,能够更好地满足越来越高的消费需求,因此说流通业的发展能够促进消费增长。第二,流通业连通了城乡二元市场,一体化流通机制的建立显著促进了城乡消费格局的形成,尤其是流通业的渠道日益完善、组织化程度越来越高的时期,农村流通业的发展状况直接影响了农村消费。同时基于农村居民的生产者和消费者的双重身份,流通业对其的影响呈现双向互动的特点,对农村消费者来说,消费升级的空间更大。第三,流通业的快速发展连通了海外和海内两个市场,人民群众对国外先进商品的感知力在增加,消费热点不断转换,品质消费需求不断增长。流通业在促进商品进出口的同时,也在倒逼国内生产商运用新的技术和管理理念来从事商品的设计、生产、运营和售后,缩小了国内商品市场与国外商品的差距。因此,从整体上看,流通业对消费促进的显著作用长期存在,基于流通地位和消费升级的持续出现,这样的促进作用仍将持续下去。

第二节 现代流通业发展中存在的问题

流通业的发展成绩有目共睹,对经济增长、区域发展、就业领域等方面的带动辐射作用也愈加明显。但仍有一些问题阻碍了流通业的健康发展,这些问题的解决将会极大释放流通业的发展潜能,提升流通业的发展质量，这些问题包括要素配置效率不高、信息交换不畅、信用体系不健全等多个方面。

一　要素配置效率不高

现阶段中国流通业的发展，仍然存在要素配置效率不高的问题，此问题制约了流通业现代化水平的提高。流通业现存的要素配置效率不高问题主要表现在以下几个方面。

第一，流通业运行质量和效率仍待提高。随着信息技术和互联网的广泛应用，电子商务与流通业深度结合，改变了传统商业的许多运作模式，强化了流通企业在满足顾客需求过程中的核心地位。要解决此问题，流通业应该向智能化转型，提高流通产业的运行效率和资源配置效率，随着云计算、大数据和定制化生产等新技术的逐渐应用，消费升级势在必行，同时传统生产方式面临重大挑战，分析消费者个性化、潜在化的购物需求，能够更好地满足消费需求，同时也能够指导生产，由传统的大规模生产逐渐转向定制化生产，以销定产，满足消费者个性化需求。

第二，现阶段流通业发展的标准化程度还不高导致的要素配置效率不高。在流通业提升现代化水平的过程中，商业业态逐渐丰富，流通渠道日渐畅通，政策法规逐渐完善，但制约流通业现代化水平提高的关键因素在于标准化程度还不高，尤其是进入大数据时代后传统商业在新技术应用过程中还面临一些障碍和困难，在这个过程当中，一方面，要积极扩大流通领域信息化建设，提高信息化水平，提升流通效率；另一方面，要完善标准体系，降低流通成本。我国在标准化领域出台了一系列的政策措施，但在实践的过程中，随着居民消费水平提升，相关的产品标准、商品标准、服务标准也应该逐渐提升，要与国外水平"同线同质同标"。在提高现代化水平的过程中，更好地满足居民消费需求，使流通企业实现集约化发展，推动流通业从大到强的转变。

第三，信息化建设观念和程度仍然不够。信息化建设是现代流通业转型发展的重要支撑。现阶段中国部分商贸流通企业传统思想观念仍然根深蒂固，缺乏战略视野和全球思维，企业小而多、弱而散，经营规模与经营效益不匹配，管理理念和经营模式相对滞后，企业结构性矛盾突出。很多商贸流通企业不愿投资信息化建设，信息化技术应用不够，物流配送效率不高，物流企业的自动化、标准化、信息化水平参差不齐，整体服务能力和服务水平存在薄弱环节，导致综合竞争实力不强，难以适应电子商务发展的要求。特别是广大农村地区信息化建设远远落后于城市，很多农村商贸流通业还停留在传统状态，成为制约现代流通业转型升级的瓶颈。

第四，流通业的现代化程度仍然不够。主要体现在同质化、低层次竞争较严重，粗放发展模式仍未得到有效改变，流通渠道网络布局科学程度不够，城乡二元发展格局仍不均衡，流通业产业集中度较低，先进管理经验的现代流通业发展特点仍不明显等方面。传统流通业的这些发展弊端需要进行重要转型，集约式发展应该更加得到重视，兼顾高效率和低资源浪费的发展应成为现代流通业的发展目标，现代流通业的发展不能再以牺牲环境和资源作为代价，应该实现基于要素配置基础上的内生性增长。通过完善流通业的发展格局来推进供给侧结构性改革已经成为现实，通过流通业的发展来影响上游商品提供者的管理经验的进步、产品技术的优化和创新思维的拓展已经成为新时期流通业发展的重要目标。从供给侧结构性改革的角度来看，通过流通业实现产能国际合作、拓展海外市场、提升产品附加值满足人民群众更高的品质消费需求已经成为新时期流通业发展的重要路径。这是在中国目前人口红利不断下降、内生性增长继续提升阶段流通业发展的必由之路。

从影响流通效率提升的影响因素来看，大致分为以下几类：第一，流通环节影响流通效率。商品流通过程中批发环节的多少是影响流通效率的一个重要因素，批发环节会直接影响流通成本。第二，流通成本影响流通效率。对于零售企业而言，企业规模和固定成本是影响流通效率的主要因素，固定成本不变的情况下，规模效益越大意味着流通效率越高。供应商与零售商之间长期稳定的合作关系可以降低流通成本，同时提高消费的价值。第三，流通渠道影响流通效率。认为企业内部的流通力是流通效率的决定性因素之一，可以通过对流通力的影响因素如流通渠道中的交易费用、资金效益以及社会效益的优化重组来深化流通体制改革。认为流通渠道加强信息传递与信息共享可以提高流通效率，加快商品流通的周转速度。流通渠道之间相互传递信息可以减少商品的库存量，降低商品流通中的渠道成本。在现在多元化流通渠道背景下，不同的流通渠道所产生的流通成本不同，选择最优渠道会产生最大化的流通效率。信息化是制约流通产业发展的重要因素，信息化的进一步发展可以推动流通渠道变革，同时通过技术创新来提高流通企业的劳动强度，缩短产品流通时间。

在此基础上，"互联网＋"重构商贸流通业的发展环境，首先，"互联网＋"背景下，商品在流通中所有权的转移不再经过烦琐的批发环节，可以通过电子商务平台实现商家与消费者直接沟通。在大数据和云技术的支撑下，商家可以准确搜集顾客需求信息，根据需求生产商品，网络服务的个性化和便捷化为私人订制生产形势的产生提供了适宜的外部环境，消费者可以不再被动地选择商家提供的产品，这种消费需求主导向型的价值链模式能够有效提高商贸流通业的运营效率。其次，"互联网＋"的发展带动了交易形式的变化，新的价值链模式下，实体交易环境无法满足流通信息的高效准确传递，线上线下融合的交易形式逐渐成为主流交易形式，这种交易模式的出现激发了新的消费点，人的购买欲具有可诱导性，受他人购买行为的影响，会产生一些从众行为，目前一些大型零售网站的许多商品界面都有相似产品或者明星同款推荐，大大地刺激了消费者的消费欲望，也提高了网络零售企业的运营效率。第三方支付平台的出现，金融业与互联网技术逐渐融合，发展日益繁茂，利用互联网和移动互联网技术强大的数据处理能力，弥补传统金融服务的不足，提高金融交易效率。第三方交易平台的出现健全了现代化金融体系，完善金融功能方面起到了重要作用，例如支付宝、财付通以及微信支付等，都是互联网背景下支付方式变革的标志性表现。第三方支付平台的出现为电子支付提供了平台，相较于传统支付手段，电子支付更能够满足多样化、大规模的线上交易，能够有效降低支付的运作成本，提高支付效率。

二 信息孤岛现象明显

近些年来，流通业在国民经济中的地位和作用有了很大提高，在衔接供需、满足人民群众对美好生活向往和建立完善市场体系等方面，流通业都发挥了不可小觑的作用。在传统商业当中，流通商业企业主要是起到中介作用，生产企业生产出来商品之后，流通商业企业是作为"二传手"，把商品传递给消费者，在整个产业链条以及供应链中不处于核心主导地位。在大数据、信息系统支撑下，流通企业在整个的产业链中的主导地位在增强，能够实现指导生产的作用，也改变了以工业企业为核心企业的传统供应链体系，形成了以零售商为主导的供应链结构。在这个过程当中，实际上更强调供应链整体的集成与协同，流通企业更多地起到沟通信息、实现信息共享的作用。在这样一个供应链中，各个节点企业要围绕物流、信息流、资金流进行信息共享与合作联盟，实现柔性的稳定的供需关系。在这样一个供应链当中，流通企业、零售企业在传递信息、分析消费者需求导向的同时，本身也在发生变化，由原来只是一个提供消费购物的场所，逐渐以"场景互联网+智能供应链"为核心。在这个过程当中，企业提供一个场景，不只是在传统商店中买完东西就走了，而是在这个场景中，除了实现购物之外，还要具有其他服务功能，如社交、文化等。商业零售企业，通过功能转变，获得消费者的需求信息也是全方位的。在更多地了解消费者需求之后，零售企业能够把这些信息分类，有的传递给工业企业，有的传递给服务企业。在此过程中，流通业各利益主体面临多重难题，一方面从自身经营的成本收益分析，流通业产业链条上下游关系之间的信息化建设比以往任何时候都更加迫切，这是一个多赢的发展方向，但从另外一个方面来看，尽管随着信息化社会的到来，流通业信息化程度得到了前所未有的普及和提高，但是各类不同的利益主体之间常常存在"路径依赖"和"报团取暖"等交往习惯依赖，导致的结果是就某个流通业单个组织来说，它自身的信息化程度和与自身有关上下游之间的信息沟通还是十分顺畅的，但是从流通业发展的全貌来看，尽管信息化程度很高，但是不同的业务条线、不同的细分领域、不同的经营地域等各利益主体之间的信息沟通仍然匮乏，每个利益群组都有各自的信息化沟通方式和习惯，而从流通业发展全貌来看，信息化程度仍然不够，信息孤岛现象仍然明显。因此，以"场景互联网+智能供应链"为核心，实现虚实融合的数字化全渠道，更好地满足顾客全方位需求。除了流通企业自身功能的转变、经营模式的转变，还需要基础设施以及配套设施等相关产业进行支撑，如由服务器构成的云端，相关的人脸识别支付以及电子价签、智能存储等，实际上是以零售供应链的建设带动整个流通产业智能化水平的提升。

纵观各国流通业的发展，信息化、标准化和智能化都是流通业发展的主旋律，也是中国现代流通业发展的重要标签，但是共享意识不足、信息孤岛现象仍然存在，其中主要原因即是流通业建设的标准化程度不高，重复建设依然存在，各利益主体之间信息不畅、标准化不统一、市场信息不共享，没有实现协同联动发展，造成的结果是同质化竞争严重、重复建设到处存在和资源浪费效率低下，以上问题严重制约了现代流通业的健康发展。以物流行业为例,信息沟通不畅、资源不共享等顽疾严重制约了物流行业的发展,全国范围内物流企业数量以百万计,但实际情况是大多都是各自为政,相互之间没有信息交换,导致的结果是每家公司规模都有限,以货车空驶为代表的资源浪费现象普遍存在,货运汽车实载率长期在50%左右徘徊。除了企业之间的没有合作相类似,不同区域之间的合作和信息化沟通依然不足,低水平重复建设持续存在,资源浪费问题仍然没有解决,其背后的主要原因在于没有全国范围的行业组织进行标准化引导,不同区域、不同企业之间信息化平台并不兼容,每个流通业个体都处在信息孤岛中,协同优势无法发挥,资源共享无从实现,货运线路和货运资源没有进行优化整合,大量运力浪费长期存在。从解决流通业信息孤岛的角度,应该建立全国统一的信息化沟通平台,将现有不同利益主体的信息化平台进行标准化改造,实现信息互通、运力互动、协同发展。

三 流通组织程度不高

多年来制约现代流通业发展的因素之一就是流通业市场经营主体竞争力较弱,流通业组织化程度不高。具体表现为流通业的组织模式依然传统,因为环节过多造成的各行业流通成本高企不下,增加了国民经济的"摩擦",流通业的润滑作用不太明显,这与现代流通业的建设目标相比,还有不小的差距。从流通业的市场经营主体来说,流通业企业规模普遍偏小,各自为战,共享资源的合作化发展模式尚未建立,生态圈建设仍不完善,流通业上下游链条之间的分工仍不明确,且无特色,企业的小而全现象仍然存在。流通业企业之间的联系更多地集中在交易层面,在组织体系、管理经验和信息共享等方面的合作程度仍然不高。与此同时,我国流通业在发展中所遇到的行业分割、地域分割、条块分割等情况依然严重,松散化的企业组织结构成为常态,经营理念比较落后,先进的管理经验和信息化装备仍未实现,科技创新在流通业发展中的作用仍未体现,随着"互联网+"时代的到来和国家关于流通业的政策支持的不断增加,流通业的发展将会向布局合理、功能全面方向发展,对国民经济的促进作用也会逐渐增强。

从中国流通产业的企业个体角度来看,规模偏小且数量众多,流通业的主要构成就是中小企业,单打独斗的分散式经营仍是业态主流,随着

"互联网+"时代的到来,企业之间的联系将会更加密切,生态圈将会形成。因此,商贸流通企业要意识到整合的重要性,将分散的创新资源进行集聚,对商贸流通业的运营方式进行创新。首先,全方位整合现有的线上线下资源、企业间资源、区域间资源,构建综合型的商贸流通服务系统,推进商贸流通企业以集聚式流通模式进行创新。资源的高效整合有效提升了资源的利用率,提高了商贸流通业产业结构优化发展。其次,资源通过线上进行跨行业整合,大力发挥其在产业链中的作用。商贸流通企业掌管着消费者的需求信息,在渠道方面占有很大优势,跨行业对生产资源进行整合,打造自主品牌,在很大程度上可以充分发挥需求信息的价值,形成更大范围的有效供给。除此之外,商贸流通企业对整合思维的应用并不表示一定要对所有商贸流通资源进行整合,可以整合其中一个方面的资源,专注于该方面的商贸流通业务。比如对线下物流资源进行整合,致力于形成第三方物流运行体系,为其他商贸流通企业与生产制造企业提供优质的物流服务,最大程度满足用户个性化需求,提升产品的流通速度和流通水平,节约流通资金,以实现物流业务的集约化与专业化发展为最终目的。

在此背景下,流通业加快转型升级、提升产业运行效率将是今后一段时期的发展方向,流通业的发展最终还是要靠流通企业个体行为来体现,一是流通业企业主体应该坚持差异化的发展战略,应该大力引入互联网等信息化手段,对客户群体进行细分,通过个性化的服务提高规模效益;二是流通业大企业带动形成新的业态。不断提升流通业企业主体的先进管理经验,不断提升经营效率,加大采用新技术的装备程度,利用先进的信息化平台提升企业竞争力;三是流通企业主体应该贯彻共享经济的发展思路。从信息、人力资源、业务模式和市场渠道等方面的整合和共享,以利益共同体来加大产品和服务研发,以更好地适应客户的需求。

四 信用体系仍不健全

信用体系是长期以来中国现代化建设的重要课题。近年来,中国信用体系已经实现了长足进步,主要表现是信用体系系统化建设逐渐起步,信用体系初步建立,各信用主体对信用问题的认识重视程度不断增加。众所周知,信用体系的建立是完善社会主义市场经济体系的重要保证,也是促进高质量经济增长的必要条件。但是平心而论,现有的信用体系仍然存在信用服务不完善、法律法规不健全和信用系统并未实现全覆盖等多方面问题，这对中国市场经济建设产生了制约作用，由于信用体系不健全导致的各利益主体之间交易成本过高和企业经营成本过高的问题长期持续存在。主要表现在以下几方面。

第一，流通业的发展质量和效率需要完善的信用体系作保障，信用体系不健全影响和制约了流通业发展的质量和效率。在流通现代化背景下，信用是保证资源优化合理配置的基本条件。信用可以成为一个很好的信号，各市场主体的资源流动和配置可以以此为重要参照，良性市场机制的建立需要以完善健全的信用体系作为保障。在社会主义市场经济建设过程中，资源配置效率直接决定了经济增长的质量和效率，也是行业运行的重要依据。提升流通业的发展质量和效率，需要建立完善完整有效的信用体系。使市场在资源配置中起决定性作用，而信用缺失和信用水平偏低导致流通业信息不畅、交易成本过高，很大程度上影响了市场机制在流通业作用的发挥。与此同时，由流通引发的消费升级对新旧动能转换时期的国民经济增长起到了重要的支撑作用，而消费升级的持续增长必须要依赖信用体系的建设。完善的信用体系可以帮助市场上各利益主体降低经营成本，融资便利程度也大大增加，健全的信用体系是国民经济高效运行的有力保障，中国现有的信用体系仍不完善，各类信用体系服务机构的运行仍不规范，专业化程度仍然不足，信用服务的弹性不足，不能够满足流通企业的个性化需求。

第二，信用体系不健全导致流通业各利益主体融资成本过高。信用体系不健全是推高企业融资成本的主要原因，是中国营商环境建设的"硬伤"，对普遍偏重轻资产运营和抵押物变现能力缺乏的流通业来说更是如此。与很多西方发达国家相比，中国目前的社会信用体系仍然存在较大差距，在此背景下，流通业也无法独善其身。信用体系不健全导致流通业各利益主体融资成本过高，而融资成本过高助推了流通业的经营成本，这些成本造成了两个方面的影响，一是经营成本的提高降低了流通业在国民经济中的润滑功能，提高了全社会的流通费用，流通业对其他行业的辐射带动功能受到了削弱。二是流通业的经营成本过高降低了本土流通企业与国际流通巨头竞争时的腾挪空间，削弱了竞争力。在世界经济普遍低迷的发展环境下，如何从政策角度提升我国流通企业的竞争力是个当下的重要课题，在深化供给侧结构性改革的推进实施过程中，如何帮助流通企业降低经营成本也成为选项之一,从企业的直接支出和间接支出的角度来衡量,除去市场化的原材料、能源消耗等硬性支出之外,为流通企业提供融资便利、降低资金的可获得性和降低间接融资成本成了为企业降低负担、节省成本的应有之举。从外围环境上来看,坚持"小政府、大市场"的政府职能转变方向,切实树立政府的信用意识,切实提升政府在市场经济体系中的公信力,降低各市场主体之间的交易成本,提升交易的便利程度,以实际行动支持企业获取金融支持的力度,为企业经营创造良好的条件。

第三,信用体系不健全弱化了流通业的竞争优势。在经济全球化背景下,信用已日益成为参与全球竞争与资源配置的重要条件之一。培育信用软实力,对于提升国家整体竞争力、赢得全球资源要素配置主动权具有重要意义。当前,信用软实力不足已经成为制约中国企业开展国际经贸合作的瓶颈,对流通业来说也是如此,本土流通企业与国际流通巨头已经展开了全方位的竞争,在此环境下,不重视国际信用规则、假冒伪劣产品屡禁不衰等事件频发使部分中国企业在国际竞争中处于较低的信用层次,尤其是物流运输的屡次跑路事件也为流通业的发展敲响了警钟。在"一带一路"建设深入推进和新的国际竞争形势下,中国信用软实力建设的迫切性和必要性更加凸显,需要我们在信用环境建设上迎头赶上,以信用软实力的提升助力培育国际竞争新优势。

第三章 区块链技术与现代流通业融合发展的动力来源、机制设计与路径分析

第一节 区块链技术与现代流通业融合发展的动力来源

一 区块链技术成为国家战略的时代背景

区块链技术是一种崭新的点对点价值传输方式，也是基于密码学、算法学、博弈论基础上的计算机技术的新型应用模式，区块链技术改变了传统互联网时代的传递方式，真正实现了由信息传输到价值传输的转变，区块链技术将深刻改变人类社会的治理方式和市场交易方式，是一项具有颠覆性的技术。2019年10月24日下午，中共中央政治局就区块链技术发展现状和趋势进行第十八次集体学习，习近平总书记强调，区块链技术的集成应用在新的技术革新和产业变革中起着重要作用，要把区块链作为核心技术自主创新的重要突破口，明确主攻方向，加大投入力度，着力攻克一批关键核心技术，加快推动区块链技术和产业创新发展。[①]

中国对区块链技术的应用高度重视。自2015年开始，党中央国务院先后将区块链技术列入战略性前沿技术，与其他国家相比，这是具有前瞻性的壮举。2019年1月，国家互联网信息办公室发布《区块链信息服务管

---

① 《习近平在中央政治局第十八次集体学习时强调 把区块链作为核心技术自主创新重要突破口 加快推动区块链技术和产业创新发展》，新华网，2019年10月25日。

理规定》共计24条，从明确主体定义、实施备案管理定期查验、规定相关概念范围、界定安全责任建立健康管理制度、明确监管机构、明确违规处罚等方面对中国区块链信息服务提供者做出了安全管理规定，规避了区块链信息服务安全风险，规范和促进了区块链技术及相关服务健康成长。

地方层面，各地加快出台各项区块链产业相关政策。京津冀地区，2018年11月，北京市出台《北京市促进金融科技发展规划（2018年—2022年）》，将区块链技术纳入北京"金融科技"发展规划的范畴；长三角地区，2018年9月，上海市杨浦区印发《促进区块链发展的若干政策规定（试行）》，对区块链行业发展给出了12条政策性支持；珠三角地区，2019年10月，广州市出台了《广州市黄埔区 广州市开发区加速区块链产业引领变革若干措施实施细则》，细则包括设立10亿元规模区块链产业基金等；中西部地区，2019年11月，重庆市出台了《关于进一步促进区块链产业健康快速发展有关工作的通知》，提出通过加大区块链企业引进培育力度、推进重点领域区块链技术示范应用等，大力推动区块链产业发展。

在国家和地方的大力支持下，区块链产业得到快速发展。在区块链产业投融资方面，中国投融资总额仅次于美国，居全球第二位，2018年中国获得投融资次数为266笔，总金额约为154.7亿元；在区块链专利申请数方面，中国在2009—2018年累计相关专利申请数为7600件，超过第二名美国的3倍，位居世界第一；在区块链企业方面，截至2019年3月，中国区块链企业数量为499家，企业数量仅次于美国，排在全球第二位，主要集中在北京、上海、广东、浙江等东部发达地区。

作为下一代互联网的基石，区块链产业是各地争相发展的战略性新兴产业，多地正加快部署"十四五"区块链产业发展相关工作，积极抢抓区块链产业发展的重大窗口期和机遇期。据全球知名的市场研究公司Gartner预计，全球区块链的商业价值将在六年内超过3500亿美元，而到2030年将激增至3.1万亿美元，据国际数据公司测算，2023年全球区块链支出金额将达159亿美元，其中，金融行业和流通行业将引领预测期内全球区块链支出，占比约30%。

二 现代流通业自身改革发展的迫切需要

现阶段中国流通业应该在习近平新时代中国特色社会主义经济思想指导下改革发展和自我完善，习近平新时代中国特色社会主义经济思想是指导中国流通现代化建设的总纲，现阶段中国流通业现代化建设的总体目标应该是服务国际战略、服务国民经济、服务产业发展和服务人民生活。具体说来，服务国际战略即为服务于中国目前全面开放新格局的构建，以流通业全面开放的格局呼应目前全面开放新格局。服务"一带一路"倡议，以流通业的开放格局、业务拓展、服务地域等新的发展成果来对"一带一路"提供有效支撑；服务国民经济即为进一步完善和巩固我国流通业在国民经济中的地位和作用，进一步发挥流通业在国民经济中的先导性作用，推动经济社会稳定健康进步；服务产业发展即为流通业应该主动发挥其产业链上下游的支点功能和润滑作用，为其他产业的要素配置和资源流动提供充分保障，发挥我国经济转型的主动力功能；服务人民生活即为流通也通过自身定位和功能作用的发挥，提升消费市场活力，畅通商品流通血脉，进一步有效地衔接供需两个市场，助力消费增长和升级，为经济发展提供持续动力。

如前文所述，中国流通业长期以来一直存在的要素配置效率不高、信息孤岛现象明显和信用体系仍待完善等陈年旧疴，已经成为中国流通业现代化建设过程中必须认真面对和亟待解决的问题。这些问题的解决，一方面需要从外部因素着手，由政府引导提供良好的政策保障环境保障，建立奖优罚劣的激励惩戒机制，帮助市场形成优胜劣汰的正常出清机制；另一方面从各利益主体来说，应该提升自身发展的前瞻性和全局观念，尝试引导各利益主体将长期利益和短期利益、全局利益和个体利益、显性收益和隐形收益等方面充分认识和全面权衡。但可以预料的是，建立外部政策管制制度可以部分程度的约束和减弱这些负面问题的出现，但是要想从根本上解决问题，不仅需要制度约束，更需要技术的参与，而区块链自带的去中心化存储、分布式记账和不可篡改等独有特点成为助推流通业改革和流通现代化建设的极佳选择。

三 区块链技术与流通业发展耦合度较高

习近平总书记强调,区块链技术的集成应用在新的技术革新和产业变革中起着重要作用。我们要把区块链作为核心技术自主创新的重要突破口,明确主攻方向,加大投入力度,着力攻克一批关键核心技术,加快推动区块链技术和产业创新发展。[1] 区块链技术最适合的应用场景是多利益主体参与的环境,而区块链赋能产业尤其是流通业的发展更需要流通业上下游各利益主体数据和信息上链,通过区块链技术打造要素配置合理、交易成本极低、信用环境良好的新型流通业发展态势。更重要的是,区块链技术的自身特点与流通业的产业发展规律具有极佳的贴合性,区块链技术在流通业的应用具有较好的合理性、贴合性和科学性,耦合度较高。主要表现在以下四个方面。

一是从政策背景上看,近年来,在国家实施"互联网+"战略的大背景下,现代流通业的发展方式和前景得到了前所未有的丰富和拓展,信息化和新技术的应用也达到了前所未有的高度和深度,区块链技术和流通业的融合发展也具备了极好的机遇。现代流通业的发展越来越需要现代信息技术和包括区块链技术在内的新技术的支撑和带动。现阶段中国流通业的现代化程度和对信息、新技术的应用主要表现在:第一,流通业的信息化技术应用水平显著提高。现阶段包括基础农业生产、工业品制造等在内的流通业上游基础产业均已呈现了以机械作业、智能制造为主的新的发展阶段,科技要素在现代农业和工业制造领域的作用处在历史高位,就流通业自身来说,信息化装备程度也处在历史高位,流通现代化和新技术的应用已经达到前所未有的广度和深度。第二,流通业标准化、产业化和规模化水平持续提高。现阶段流通业的标准化程度已经发展到较高阶段,业态、合作方式、利益分配机制等方面的行业发展格局已然形成,同时流通业的各类利益主体的经营标准化程度较高,规模经营的优势已经愈加明显。第三,现代流通业的新业态不断涌现。O2O、新零售、线上线下融合发展等新业态蓬勃发展,有些新业态已经在流通业中发挥着越来越重要的作用。

---

[1] 《习近平在中央政治局第十八次集体学习时强调 把区块链作为核心技术自主创新重要突破口 加快推动区块链技术和产业创新发展》,新华网,2019年10月25日。

同时，我们还应该看到，现阶段现代流通业的发展仍然存在一些亟须解决的主要问题，这些问题的解决需要包括区块链技术在内的新技术的支持，这些问题主要包括：第一，市场供求信号对流通业各利益主体的引导作用在某些领域仍不明显；第二，现代流通业产业链的价值分配结构仍不合理，对后端上游基础产业的激励作用并未体现；第三，流通业的各类经营主体市场化意识仍需加强。上述问题为区块链技术在流通业的深度融合提供了历史性的机遇。

二是从产业自身发展规律上看，现代流通业发展的基础功能是应该起到促进资源要素和价值分配的高效流动和合理分配，链接行业上下游的信息、要素和价值传递的作用。而这些问题恰好是区块链技术的主要功能，因此现代流通业和区块链技术的融合发展具备了天然的可行性。尤其是随着"互联网+"时代的到来，现代流通业可以借助区块链技术解决"信息孤岛"、规模效益低、信息流通不畅和交易成本过高等诸多发展难点，现代流通业和区块链技术的融合发展可以改造和重塑传统产业链条，推动现代先进商业模式和价值链分配格局的形成。同时现代流通业中的大数据和云计算等先进技术的使用，可以为现代流通业的各类新型农业经营主体提供全方位的融资担保、风险控制等金融服务，通过立体化金融助推现代流通业的健康发展。

三是供给侧结构性改革推动现代流通业转型升级为区块链技术在流通业的应用提供了强大动力。对现代流通业的发展来说，能够解决长期以来亟须解决的生产要素配置不合理、市场意识不强、信息不对称和供需结构失衡等问题，将是区块链技术体系在现代流通业应用的主要目的和作用。从表观上看，随着人民生活水平不断提高，现代流通业衔接供需的相关产品所需要进行结构性优化，其主要表现为商品供给总量过剩，但高端优质商品仍然短缺，这是由现代流通业在发展过程中普遍存在的资源配置效率较低、产业化进程中的技术支撑力度不够等多个方面造成的。在此背景下，供给侧结构性调整就是要有针对性地围绕现代流通业的产品结构、生产结构、区域结构和技术运用广度与深度等多个方面进行引导，通过引导生产要素的合理流动、重置流通产业链的价值分配结构和现代流通业的技术运用水平等多管齐下的具体措施，从而解决多年以来的顽疾。从今后较长的一段时间来看，供给侧结构性改革将会为区块链技术体系在现代流通业的广泛应用提供强大的发展背景和融合动力。

四是共享经济思维将为区块链技术体系在现代流通业的广泛应用提供不竭动力。现代流通业的发展进程中的生产、流通和销售的各个环节比之前更加细分将越来越成为趋势，在此基础上，共享经济思维的运用将会极大地显著提升现代流通业中的资源和要素的利用水平，提高利用率，节约生产和交易成本，尤其是在新型现代流通业经营主体数量和质量极大发展的阶段，这样的提效率、降成本效果将更加明显。与此同时，现代流通业借助区块链技术的应用，将会对现代流通业的发展提供重要支持。比如在建立信息化交易平台方面，不论从生产资料的共享，还是从销售渠道和市场信息的沟通，区块链技术系统的应用以共享经济的思维方式推动了现代流通业资源要素的重新配置，提升了产业效能。同时，随着区块链技术的应用，流通业不仅吸纳了产业主体和各类外部资源，也增进了产业主体内部成员的协作效率，达到了以更大的投入产出比延伸和丰富产业链条的效果。

第二节　区块链技术与现代流通业融合发展的机制设计

区块链技术系统赋能实体经济已经是大势所趋，流通业的应用首当其冲。在鼓励和推动区块链技术体系和现代流通业融合发展的进程中，建立科学完善的区块链技术赋能现代流通业发展的体制机制将成为重要的前期基础。建立两者融合发展的机制，主要由以下三个主要机制构成。

一　政府推动机制

2019年10月24日中共中央政治局第十八次集体学习，为区块链行业发展指明了方向，树立了信心。这也将推动形成关于"区块链+"的社会共识，促进传统企业加速转型升级。同时将更好地引导产业资本和人才集聚，加速行业创新；也有利于规范行业发展秩序，提升行业监管水平。可以预期，我国区块链产业发展进入了新的历史阶段，区块链赋能实体经济将迎来黄金期。

区块链的发展，要积极推进其实践落地和应用场景的实现。区块链产业的发展必须通过与产业深度结合，推动产业实现转型升级、提质增效，帮助实体产业创造出新的价值增量。中国区块链产业应用，也处于国际领先水平。例如，区块链电子发票上线一周年，开出电子发票600万张，累计开票金额达39亿元，覆盖超过113个明细行业，极大地降低了开票企业的开票成本和快递成本，以及报销企业的管理成本和涉税风险。但是特别要注意的是，区块链不仅仅是一项技术，区块链技术更是一种社会运行方式的体现，将会深刻影响社会发展的方方面面，更将为商业模式、组织形态、甚至思维方式等方面带来全方位变革。在不久的将来，政府将会起到重要的引导作用，引导各类市场主体要积极探索在供应链重构、信用体系建设、电子政务、金融服务和民生服务等领域开展区块链技术的应用落地，充分地发挥区块链技术在改善社会治理结构、增进社会交往效率、降低社会运行成本等方面的作用。借助由区块链重构的价值互联网，实体经济有望加速商业智能化转型，带动我国数字经济步入更高的阶段。区块链技术与现代流通业融合发展的政府推动机制主要表现在四个方面。

第一，政策助力区块链产业发展。中国对区块链技术的探索表示支持，自2016年以来，国家相继出台了多项关于区块链发展的扶持政策，区块链技术已经被国家认定为一项重要的前沿技术。据统计，截至2019年10月，全国范围内已有北京、上海、广州、深圳在内的16个以上的省和直辖市陆续出台了与区块链有关的支持和优惠政策，上海、杭州、苏州、广州、长沙、重庆、成都等城市为了吸引更多区块链企业落户当地产业园区，甚至专门针对区块链初创企业落户、企业经营、高层次专业人才落户、购房补贴以及生活补助等方面都出台了相应的扶持政策。

第二，区块链企业数量增长迅速。自2010年起，中国区块链企业数量稳定增加，初期企业数量较少。2012年，以区块链注册的相关企业数量已经达到了20家，2013年、2014年、2015年分别达到26家、56家和99家，进入到2015年之后，随着世界各国对区块链技术的逐渐重视和众多应用的陆续落地，中国的区块链技术相关企业迎来了数量快速增长的时期，2016年达到了116家，2017年为158家，2018年达到了历史性的299家，增长速度迅猛。截至2019年10月，区块链技术相关的企业设立数量更是呈现爆发性增长，可以预计在今后若干年内，区块链技术相关企业仍会呈现不断增长态势，其中大多数以初创企业为主。

第三，区块链市场容量快速增加。随着多年的发展，区块链技术在支付中的应用在 2016 年之后出现了爆发性增长态势，市场容量快速增加，2016 年区块链市场规模非常有限，到了 2017 年市场规模已经达到了 8000 多万美元，2018 年已经超过数亿美元。但从整体上来看，目前区块链市场的总体规模仍然不算大，主要原因在于区块链的技术应用场景还正在探索之中，可以预计在今后的几年间，尤其是区块链技术的行业应用和落地实践方向清晰之后，区块链市场的容量和规模将呈现井喷态势。

第四，各地争相布局区块链产业园。近年来，随着园区经济的崛起，全国各地争相布局区块链产业园。从地理区域划分来看，全国区块链产业园区主要集中在华东、华南等地区，其中浙江省和广东省各有 4 家区块链产业园区，并列全国区块链产业园区数量首位。而从城市分布来看，杭州、广州、上海最多，三大城市区块链产业园数量占比全国 50% 以上。国内 22 家区块链产业园区中，规模在 3 万平方米以下园区数量最多，占比达到 53%；其中 1 万平方米以下规模的园区占 21%，1—3 万平方米规模的园区占 32%。规模在 6 万平方米以上的园区占 26%，但这类区块链产业园区通常设立在其他综合型园区内，很难统计其区块链行业实际使用面积。从投资规模来看，投资规模在 1 亿元以下的的区块链产业园区数量最多，占 46%；投资规模在 1 亿—10 亿元区间的产业园区占 36%；投资规模超过 10 亿元以上的园区数量最少，仅占 18%。

中央和各级政府针对区块链技术和现代流通业融合发展正在或即将出台一系列政策措施，同时也对现代流通业的构建和区块链的技术应用标准指出了明确方向，这些都为两者融合提供了重要保证。

二 技术支撑机制

在区块链技术与流通业融合发展的过程中，技术支撑机制尤为重要。区块链技术特有的去中心化网络、分布式记账和不可篡改等特点能够极好的与我国现代流通业发展中所亟待解决的问题贴合对接，但是两者融合过程中仍然存在一些问题需要解决。

首要问题是区块链技术系统的演化路线问题。区块链的底层技术可以看作是伴随比特币的出现而出现的，在过去的十多年里，区块链技术系统的底层技术没有发生重要变化，但随着区块链技术的普及和区块链技术在实践落地过程中所遇到的一些问题的出现，区块链技术在底层技术之上的延伸和演化变得必要和紧迫。从技术角度来说，区块链技术系统从原理上看大致由两部分组成，即代码和区块，其中代码是编程问题，区块则是数据的代表，区块链技术系统的演化主要是由代码完善实现的，那么在区块链技术系统底层代码发生变更之后，有两种情况，区块运行基本规范不变和变化，区块运行基本规范如果发生变化，也对应两种情况，旧版本的代码可以识别和不能识别，也就是向下兼容以及向上兼容。所以每次代码变动，都有三种情况：一是区块规范无变化，二是区块规范变化，向下兼容，三是区块规范变化，向上兼容，如图3—1所示。第一种情况，即没有分叉，第二种情况，为软分叉，而第三种情况，为硬分叉。硬分叉的向上兼容，也就是新老版本不兼容，新增加的区块规范不能被老版本所识别，因此新老版本可以分别出块，形成两条独立链条。

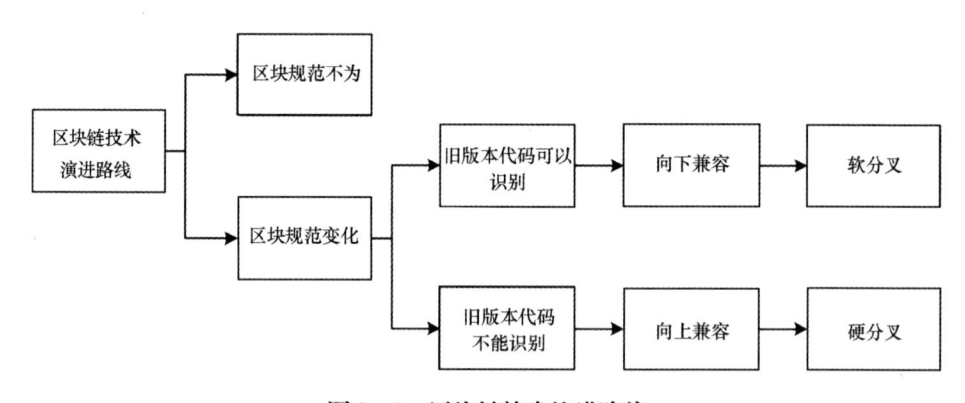

图3—1 区块链技术演进路线

从技术本身来说，区块链技术系统的扩展和演化是由底层代码的变化来实现的，而底层代码的任何变动是由去中心化的网络节点共同维护的，任何代码的变动，定会经过详细的实现讨论、测试、论证，以及很多技术专家的审查，代码本身是可靠的，不存在技术层面和工程管理上的问题。目前根据传统公开的区块链技术底层代码设计，只能支持每秒约7笔交易同时进行，这无疑是区块链技术行业应用的很大障碍，与并发量类似的另一个指标是延迟确认问题，目前的区块链技术对交易行为的确认大致需要一个小时左右，这个延迟时间也是不足以满足区块链技术在行业中的大规模应用，因此凡是按照传统区块链技术部署的行业应用从目前来看都容易造成区块链网络拥堵。无论是区块链的技术开发者还是行业应用者，大家都在关注这个并发数能否实现较大规模的提高，因为目前的技术实际并不能满足高频交易的需求，同时并发量和延迟确认这两个问题的解决可以进行系统的优化和个性化设计，以提升处理能力。

以"互联网＋"和区块链的底层技术构建现代流通业将是通过区块链技术系统为现代流通业赋能的根本保证。"互联网＋"和区块链技术的逐步应用，突破了流通业传统产业链条内部的技术边界，促进了产业融合和业态创新，通过开放式的技术信息平台，有效地解决了传统流通业发展中的各种顽疾。

三　风险分担机制

在区块链技术体系与现代流通业融合发展的过程中，为了达到区块链技术更好地为流通业赋能的效果，应该考虑从顶层设计上建立科学高效的风险分担机制。科学高效的风险分担机制将为现代流通业中区块链技术系统的落地应用提供有力保障，风险分担机制包括以下三点。

第一，在区块链技术落地应用于现代流通业时，需要流通产业链上下游各利益主体将信息流、物流、资金流和订单流等运营和交易数据以某种方式上链，在此过程中，可以采用试点方式来推进，达到以点带面、允许试错的稳步推进效果。具体来说，将现代流通业链条中信息化程度较高、可以多方验证、对全局联动作用较小的某些环节和流程首先上链，在落地应用过程中检测漏洞和形成经验，而后再逐步推广，最终达到控制风险的效果。

第二，基于区块链技术系统的独有特性，在现代流通业区块链实践的过程中，应该由政府或行业相关部门制定相关的规章条例，适当控制和避免在初期出现的节点算法集中的情况出现，去中心化网络和分布式账本的特点应该在全网节点上链之前的不稳定期得到维护和保证，以真正的去中心化网络切实保证上链数据的不可篡改。这是区块链技术系统在流通业应用落地前期需要主要防范的问题之一。

第三，在区块链应用于现代流通业时，应注意尽快推动流通业区块链技术落地的具体标准和应用界限，并注意区块链技术在流通业和金融业等其他行业之间的应用界限。从技术本身来说，区块链技术无论应用于流通业还是金融业，底层技术、节点环境和上链数据等方面都是相同的，但是技术是相同的，技术实现的过程也是真实的，但是上链数据自身的真实性和由区块链技术形成的判断结果仍然可能会存在风险，这个风险应该在区块链技术的应用初期给予限定在行业范围内，谨防跨界跨行业传播。同时，不同地域和不同行业地位的流通业各利益主体之间应该在技术研发、技术应用和数据维护等多个方面与其他地区和其他生态圈内企业建立帮扶和指导关系，确保在区块链技术系统框架下多方互动、共同发展、实现共赢，营造各类市场主体的共同参与的良好局面。

第三节　区块链技术与现代流通业融合发展的路径分析

区块链技术系统，既是一种技术，更是一种模式和运行生态。在其他新技术的应用过程中，现代流通业都需要一个渐进、稳步的落地实施过程。对区块链技术来说，在流通业中的广泛应用是大势所趋。而该技术在流通业中的浸润路径却是不同的。一般来说，包括区块链技术在内的新技术在现代流通业中的应用，主要有三种路径。

一　市场自发带动

区块链技术的行业应用刚刚起步，但是市场对区块链技术的关注却由来已久，其中最重要的原因就在于区块链技术在数字货币上的表现，受到资金追捧而不断上涨的数字货币的价格更是点燃了投资者用区块链来暴富的梦想。然而，作为一个相对较为底层的技术来讲，区块链的应用绝不仅仅只有数字货币一种，除了数字货币之外，它还有更多其他的应用。自2019年11月以来，国家相关部门出手重拳治理各类虚拟货币的 ICO 乱象，一批打着区块链幌子而进行的融资甚至是诈骗行为受到了严厉打击。当下区块链市场正在发生的洗牌，其实是必然也是非常及时的。因为只有真正将区块链行业里那些虚假的项目和玩家荡涤出去，它的发展才不会走向发币，而是真正从底层去驱动行业的发展和蜕变。换句话说，区块链行业的发展才能真正落地到具体的应用上。其实，在区块链被国家正名之前，随着资本的退潮、政策监管的来临，这个行业已经发生了一次洗牌。经过了那场洗牌之后，很多的区块链玩家开始将发展的重点从主打区块链的概念转移到区块链的技术研发和落地应用上。当区块链被上升到国家战略之后，更进一步地去规范这个市场，将区块链市场当中那些"杂音"彻底消除，才能让区块链的发展真正步入正轨。在2019年世界经济论坛（WEF）上，有学者就指出，区块链技术在各行业获得更广泛的应用，这是必然的趋势。此外，这项技术在各个领域都将获得经济效益，各个行业和部门应该及时共享使用过程中的经验教训，从而指引公共部门和民间社会在认知、融资和落地试验中向前发展。[①]

在区块链技术体系和现代流通业融合发展过程中，由市场自发应用形成的流通业区块链生态是十分重要的，在此过程中，起到关键性作用的主体包括以下三点。

第一，区块链技术服务提供商。告别数字货币，回归行业本身将会是未来区块链行业发展的主题，在这个时候，那些真正潜心研发区块链技术的玩家们将会成为主角。通过将这些技术应用到不同的行业当中，通过区块链技术去改变传统行业的运行逻辑，区块链技术服务提供商将会成为未来行业发展的主角。

第二，区块链技术的应用和落地者。作为一种底层技术，区块链技术的最大作用在于落地和应用。因此，当区块链行业的发展进入到新的发展阶段之后，那些真正可以将区块链技术应用和落地的人才是未来市场的主角。这些区块链技术的应用和落地者将会真正颠覆传统的行业运行逻辑，重构传统行业的落地，通过将区块链技术不断应用到行业当中，从而找到再度提升行业运行效率的方式和方法。因此，未来区块链市场的主角不再是那些靠概念和噱头的玩家，而是真正可以将区块链技术落地到具体应用到实际生产和生活过程的玩家。

第三，区块链的联通者和链接者。当区块链成为一种和互联网一样的基础设施的时候，我们需要的是能够将各行各业的区块链项目进行打通和

---

① 希拉·沃伦（Sheila Warren）在世界经济论坛（World Economic Forum）上的发言，他是世界经济论坛区块链部门的负责人。

链接的人，这就是区块链的联通者和链接者。对于未来的区块链市场来讲，我们需要的是一个以国家和政府为主导的联通者与连接者。当区块链行业的发展被大的联通者和链接者真正串联起来的时候，区块链才不会是一个小众的存在，而是演变成为一种全新的存在，最终成为一个可以实现各种行业相互连通的底层技术。如果我们要寻找未来行业的主角的时候，以国家和政府为代表的大型的联通者与链接者将是另外一个主角。

区块链技术发展多年以来，行业应用和场景落地正在稳步推进。西方国家的进展较快，2019年全球区块链支出约29亿美元，美国规模第一（39%），其次为西欧（24.4%）、中国（11.2%）、亚太（8.1%）和中东欧（5.2%）；[①] 西方国家的进展较快，国外巨头亚马逊、微软和IBM等企业都已经加入到布局基于区块链技术的物联网平台基础设施建设，意图通过区块链基础设施建设来提升经营效率和降低物流成本。与此同时，众多传统企业也开始了区块链技术的布局，如有的能源公司将区块链技术运用至终端居民用户的电表，所有用户的电表共同构成了一个区块链网络，在此基础上，终端用户可以通过手机端进行操作，通过该平台发布智能合约，代表了自身的用电需求，在此合约规则之下，电网设备公司及时跟进，根据每一个终端用户的不同需求提供个性化的供电方案，运用区块链技术之后，除了终端用户的个性化需求得到了较好满足，而且全网能源的匹配效率也达到了最高，显著增加了双方收益和获得感。

在区块链技术应用于中国现代流通业的过程中，以市场自发应用而形成的示范和带动作用非常重要。该模式是一种由下及上、追求实效的发展路径，即由流通业内的优秀企业率先应用并实践，在应用实践的过程中吸取经验教训，反复优化、论证和调整，最终形成较为规范、效果良好的区块链技术运行方式。从而实现在区块链技术支撑下形成一个开放、共享、互利、共赢的现代流通业生态圈，推动产业链全流程健康发展。

区块链技术在现代流通业的应用只是区块链技术系统行业应用的其中一个方面，在与流通业类似的其他行业和场景中区块链技术仍然会有广泛的应用可能。基于区块链技术的去中心化网络、分布式账本和不可篡改的价值传输原理，区块链技术可以应用在司法实践电子数据鉴证、数据存储、资产管理和数字货币等多个领域，并可以发挥越来越重要的作用。以

---

① 数据源于货币研究院《全球区块链产业发展全景（2019—2020年度）》。

第三章 区块链技术与现代流通业融合发展的动力来源、机制设计与路径分析

司法实践的数据鉴证为例，随着电子数据的日益增多，电子文件在成为司法证据时容易出现被篡改、易灭失的风险，此时如果运用区块链技术，将所有共识节点共同验证记录且时间戳的基本功能赋予该电子文件，那么该电子文件的真实性和唯一性将得到有效保证。与此同时，与此相关的各类财务审计和事务公证场景依然有较好的使用条件，基于区块链技术可以永久安全、不会灭失地保存政府相关公文、数据资料、各类证明和其他相关文件，解决了关键的数据存储问题。以数字货币领域为例，区块链技术可以真正实现不依赖中心机构发行、高度安全、较大私密性和避免过度发行等优质特点的加密数字货币的发行和应用，前景可期。以资产管理角度来看，区块链可以实现显示数据信息实时上链，无论是有形资产还是无形资产通过上链，都可以被全网算力所验证并认可，资产确权、授权将变得异常简单，诚信社会的基础将会更加扎实。由此可见，区块链技术带给我们的是一个全新的点对点价值传输体系，信息、货币、价值和权益等各类要素都可以通过区块链技术进行有效配置、确权、转移和流通，社会治理体系和人与人之间、组织与组织之间的交往成本将会显著降低。随着由市场自发带动引发的区块链技术应用的逐渐普及，区块链技术将会显著而又深刻的改变这个世界。

二 行业组织带动

在区块链技术体系与现代流通业融合发展过程中，除了市场自发带动的发展路径之外，流通业行业组织的作用同样不可小觑。在区块链时代，流通业行业组织的作用要远超其他时期，最主要的原因在于区块链底层技术的多种演进方向，主要表现在公链[①]的发展路径选择问题，区块链中公链世界的生长模式却也渐渐的有两种不同的生长形态，一种是社群自然生长而成的公链；一种是以营利为目的的公链。尽管从技术层面来说，公链

---

① 公链（public blockchain）是指全世界任何人可以读取、发送交易却能获得有效确认的共识区块链。公链的安全有工作量证明机制（pow）和或权益证明机制（pos）等方式负责维护。它们是以经济奖励与数字加密验证相结合的方式而存在，并遵循一般原则：每个人可从中获得的经济奖励，与对共识过程中做出的贡献成比例。通常称之为"完全去中心化"。这是相对于联盟链（仅联盟成员可见、可使用）与私有链（仅个人/个别组织可见、可使用）作为对照来称呼的。

的研发和拓展并不十分容易，但是依然会有越来越多的组织加入到公链的研发当中去。从技术上来说，区块链中公链的研发和拓展，需要牵涉的设计面向非常广，从底层的虚拟机（VM）的设计，到共识协议（Consensus），还有存储（storage）、用什么样的语言进行编译，这些设计思路都需要认真权衡，像共识协议除了编程技术层面之外，另外还有底层技术的机制设计，涉及博弈论等知识与思想，在合约语言方面面临的则是极度的安全性要求。这些都还只是底层技术后台的设计，除此之外，在前段的用户端的设计思路和使用体验都是需要解决的重要问题。尽管存在诸多困难，但是基于区块链特点的加密交易并不可能被暴力破解，所以去中心化账本其实完全是可行的，虽然区块链依旧不能解决输入错误资料的问题，但至少交易双方协定好、交易的数据一旦上链不会遭到篡改，也可能处理很多过去必须依赖信用评级的情况。基于上述现状，区块链技术的应用前景仍然是光明的。与此同时，未来在区块链基础设施的改善下，更多原本缺乏信任的领域会有更多的应用，甚至新的组织形态出现。与公链相对应，进入2019年以来，诸多组织和企业也在试图开发适用范围较小的联盟链，他们要么是企业完全内部化的计划，要么是他们在构建联盟方面的创新性尝试。如Food Trust、Tradelens、INATBA、Libra等联盟都取得了不同程度的成功。随着区块链底层技术的不断发展和演化，越来越多的组织和机构将在公链和联盟链上采取更多的尝试和创新。

区块链技术和现代流通业融合发展中行业组织带动的路径即是基于上述背景。在公链和联盟链的底层技术不断演化的过程中，区块链技术的底层代码规范和运行机理仍将发挥着根本性的作用，但在此基础上的公链和联盟链的技术演进路线却可以有多种尝试和选择。在技术演进的过程中，现代流通业的区块链技术应用应该采用什么样的路线和技术创新方式，这就需要行业组织在其中发挥重要的引导作用。

行业组织在区块链技术与现代流通业融合发展中的具体角色和作用，可以从区块链技术在其他行业中的应用方式中得到启发。截至2020年，区块链技术已经在某些场景得到了较为广泛的应用。在银行零售方面，区块链技术可以很好地解决信用问题、清算结算领域问题、身份验证问题、贸易融资问题。目前，已有多家银行已成功实现了银行与区块链技术的结合，而其他好多银行也在积极推进这项工程。在互联网音乐零售方面，目前互联网音乐的商务模式，与传统音乐的商务模式相差不大，均是购买或生产音乐（版权），然后通过渠道将音乐销售给用户。在这方面上，区块链技术将根本性地颠覆现有的音乐行业。区块链技术不仅可以颠覆音乐版权的使用模式，也可以颠覆现有的商务模式，还可以颠覆用户的盗版行为。在直播娱乐方面，近年来直播行业如同春笋一般出现在市场上，发展极其迅速。不过，一些直播平台面临着直播内容单一和价值生态的问题。有新兴的直播平台就是靠着区块链技术，通过内容创作，提高内容质量，发行自己的代币。在政府的公共服务和公益慈善领域，区块链技术同样已经有落地应用，区块链技术从本质上来说可以改变社会的治理体系，政府与人、政府与政府、人与人之间的诚信和规范行为将会得到根本保证，政府信息领域的信息孤岛情况将会得到显著改善，政府的各个部门之间的系统作用将会明显加强，公共服务领域的服务针对性和服务效果将会显著提升，政府运行效率大大提高。在公益慈善领域，基于区块链技术的数据信息一经确认后不可篡改的特点，在社会公益项目中的捐款来源、捐款去向、使用明细和受助人反馈等详细信息均可以通过一定方式的上链来完成，一经全网节点确认即不可更改，这与之前传统的社会公示制度相比，具有根本的优越性。

区块链技术在其他行业各类应用场景的实践，对现代流通业的发展借鉴意义重大，各类行业组织的作用不可小觑。其重要原因在于：第一，区块链技术的应用需要产业链上下游的企业联盟之间的思想共识和同步落地，在此过程中，既需要政府的推动，更离不开各类行业组织的引导和服务；第二，区块链技术与现代流通业的融合发展需要建立基础数据库和共享信息平台，从投入产出角度来说，企业自身并无参与建设的动力与诉求，此时，行业组织不可或缺，除了进行引导推广之外，有些行业组织也可以亲自参与建设共享信息平台，为区块链技术赋能现代流通业奠定良好基础。

在行业组织助力区块链技术赋能现代流通业的路径选择上来说，区块链技术在现代流通业上下游交易结算领域行业应用前景广阔，其主要原因在于基于区块链技术的底层技术代码公开、交易一经确认即不可更改等特点，传统的交易支付结算系统的基础架构将会出现重大变化，包括订单、信用权益和票据仓单等在内的各类企业资产可以上链，通过全网节点进行全网确认，确权以后的数字资产在其安全性保障、交易便利性和信用评价等方面将会呈现成本大大降低、交易便利性大大提高的理想局面。与此同时，在跨境支付、证券交易、资产抵押和保险理赔等方面同样具有重要的应用意义。与支付结算领域相比，区块链技术在物联网领域的具体应用同样值得期待。随着物联网时代的到来，万物互联将成为现实，物联网生态体系将会逐渐形成，物联网的互联体系将一改过去的中心化数据机房，去中心化的存储和全网共同维护将成为现实，这将大大降低各利益主体的数据维护成本和便利性。网络上每一个设备既可以独立运行，也可以在成为网络节点之一参与全网市场主体之间交易的验证节点。在供应链领域的应用同样是区块链技术的优先应用。供应链的上下游通过区块链技术进行数据交互、信息上链，各项权利义务将被全网节点所确认和验证，所有信息数据一经上链即无法更改，权益保护更加直接，供应链各主体之间的纠纷将会具有很清晰的依据，举证和追责界限清晰。同时区块链技术还可以应用于产品溯源及防伪，所有商品信息通过区块链技术达到全流程公开透明，从源头杜绝假冒伪劣和食品安全等问题的出现。

三 龙头企业带动

以流通业的龙头企业带动也是区块链技术与现代流通业融合发展的重要路径之一。流通业龙头企业的带动从内容上看可以为其他产业链条上下游企业提供区块链应用的正面示范，增进其应用区块链技术的信心和部署步伐；从效果上看龙头企业的示范作用可以为流通业全行业的区块链应用提供标准借鉴、上链规则和数据标准等方面的必须经验。具体来说，以龙头企业带动模式来推进现代流通业和区块链技术融合发展主要指以大型公司为区块链技术主导，围绕相关产品的研发、生产、加工和销售等环节而展开的区块链上链、分布式网络和数据功能共享的发展模式，一般主要体现为在研发、生产、加工和销售等环节具备明显市场竞争优势的大企业牵头实施的利益共同体，该模式具备风险共担、利益共享的基本特点，但同时在风险共担中龙头企业仍然承担较大的责任和风险，在利益共同体中的生产基地等上下游企业等经营主体可以看作是相互独立、各自核算的利益主体，此时该模式将传统的外部交易进行了"内部化"处理，双方明确了各自的权利和责任，双方权益都得到了保障。以龙头企业带动型的模式可以充分发挥大企业的技术储备、数据共享和市场竞争优势，大企业对市场的变化更为敏感，同时也具备丰富的信息化管理经验和新技术运用经验，从而更容易探索出一条区块链应用于流通业的应用模式。该模式的最大优势在于大企业可以利用其自身的市场优势、资源优势、成本控制优势和核心技术优势将区块链技术与现代流通业融合发展，达到降低交易成本、解决信息不对称和数据信息共享等效果，从而在竞争中处于优势地位。

现代流通业中龙头企业的构成可以有多种组织形式。首先，在现代流通业和现代农业融合发展过程中建立的以农业合作组织为代表的龙头企业，它们在流通业发展中能够极大地促进现代新型农业经营主体在信息收集、专业生产、销售渠道等各环节的有机结合和统一决策。从产业链上游来看，为现代农业新型经营主体提供立体化、全方位和个性化的售前、售中、售后服务，这对新型经营主体生产之前的准备工作提供了充分的便利，减少了搜寻成本，降低了交易成本。其次，还可以与新型农业经营主体通过合同等方式进行合作，一方面，对新型农业经营主体的生产经营条件非常熟悉；另一方面，新型农业经营主体有了合同背书，在生产经营中拥有了预期收入，经营风险被有效地控制在一定范围，同时，也更有意愿投入更多生产要素和使用新技术投入生产，丰富产品种类，提升产品质量。再次，通过与农户、中介经济组织之间的全方位合作，可以有效实现制约传统农业生产中的规模经济，有效地调动农民生产经营的积极性和主动性，提升其抗风险能力，维护农户自身权益，降低生产成本，形成较好的竞争优势。基于以上较大的竞争优势，以农业合作组织为代表的流通龙头企业在区块链技术的应用上不仅具有资金、信息、人力资源和技术等方面的优势，而且还能极大促进流通业全行业对区块链技术应用的普及。

除了上述以农业专业合作组织为代表的流通业龙头企业，现代流通业的龙头企业还可以由一些具备较大规模和较大影响的大型专业市场构成。通过专业市场带动型的融合发展模式一般基于较为专业的市场组织为核心而展开的多层次的上下游稳固的合作关系，该种合作关系以双方或者多方形成较为稳定的"生产—销售"关系为主要标志，以专业市场为核心，将区块链技术率先投入使用，在此过程中充分发挥其辐射带动优势，在某个生产品种或某个生产区域内形成较为明显的核心优势，以终端的供需对接作为主要载体，进而向上游延伸，影响相关研发、生产、运输和销售。该模式是通过市场机制和市场交易来实现相互信任，因此对上游生产者来说，优势在于虽然终端渠道比之前更有效率，但是终端问题并未得到根本解决，但这种产业内部的分工对上游的帮助作用仍然不可小觑，它能够让上游生产基地等生产者更加专注于产品生产和质量控制。专业市场带动型的模式预计将在政策、技术、市场等多种因素驱动下，以终端向上延伸。以专业市场为代表的龙头企业在区块链技术的应用中，较为明显地具备了信息完善的优势，能够通过区块链技术的应用，显著地解决数据信息的共享、认可和流转问题，同时帮助各流通业利益主体显著降低了信息获取和交易成本。

龙头企业对区块链技术的应用和普及对于区块链技术在行业的普及和推广起着至关重要的作用。区块链技术在中国发展的初级阶段是虚拟货币的发展阶段。该阶段的主要特点是监管尚未出现，代币乱象较为严重，由虚拟货币 ICO 而引发的各类集资甚至是诈骗行为猖獗，各类市场主体打着区块链的旗号和幌子，实际进行的是与区块链技术毫无关联的虚拟货币炒作行为，众多投资者上当受骗，一些投资者损失惨重。自 2019 年下半年开始，国家开始清理整顿各类虚拟货币 ICO 和交易所项目，众多企业接受监管，很多数字货币交易所平台实现了良性退出，市场炒作风险得到初步遏制，投资者的合法权利得到基本维护。其中值得一提的是龙头企业在此过程中起到了较好的示范和带动作用。

随着国家对虚拟货币领域监管的规范化和常态化，基于区块链技术的行业应用和场景落地时代即将到来，运用区块链技术提升经营效率、降低经营成本将成为未来经济发展的主旋律。在此过程中，龙头企业的带动作用仍然不可小觑。首先是发挥自身的行业带动作用，引导行业内企业主动拥抱监管、接受规则。区块链技术发展的初期存在技术路线之争，在公链、联盟链和私链的选择中，不同的企业会有不同的倾向。此时龙头企业应该发挥自身优势，从符合监管合规、使用安全和性能稳定等方面主动承担起自身的行业责任和社会责任。除了上述的技术路线之争，区块链技术在应用初期还存在着基础应用平台的选择问题，在此问题上，世界各国都在努力争取优先权，采用谁的基础技术平台将会给自身带来巨大的领先优势，此时，中国的流通业龙头企业应该主动争先，一方面，加大区块链技术系统的研发，尽早形成区块链技术的基础性应用平台的落地；另一方面，在实践落地过程中，不断总结经验教训，完善技术体系，为区块链技术在流通业的发展创造良好的环境。除了基础技术平台的选择和使用，区块链技术与大数据、云计算等新技术的融合方式同样值得关注。新技术的融合发展是大势所趋，区块链技术的实现也可以通过云平台来计算实现，如何将云服务与区块链的分布式计算特点密切结合起来，从而降低企业参与和应用区块链的使用成本，实现区块链技术的广泛应用，也是值得探索的重要问题。

中国区块链技术应用范围开拓越来越广，正是由于这种加速渗透以及独特的去中心化、可追溯、不可篡改等技术优势，不仅更多包括流通业在内的传统企业选择使用区块链技术来提高经营效率、降低经营成本、提升协作效率，激发实体经济增长，这一趋势将会越来越明显，也会越来越深刻地改变我们的生活。

第四章 区块链技术与现代流通业融合发展的原理与应用实践

第一节 区块链技术与现代流通业融合发展的原理

区块链技术起源于密码学。1976年，密码学家迪菲和赫尔曼提出将原来的一个密钥一分为二成一对密钥，一个密钥用于加密，一个密钥用于解密。加密密钥公开，称为公钥。解密密钥不能公开，只有本人秘密持有，不能为他人所知，称为私钥。1978年，这一关键思想得到了改进。除了解决开放系统中大规模密钥分配的问题外，还带来了原对称密码体制所没有的功能，那就是非常独特的认证功能。在1993年，这一理论再次升级被称为哈希算法。哈希函数从输入到输出的计算非常快，迅速收敛数值，无须耗费巨大的计算资源，而从输出倒推输入又几乎不可行。今后，区块链的理论基础，皆来源于此，区块链技术系统的完善和落地应用，将会显著改变现有的社会运行机制和经济活动的传统规则。

区块链技术对社会经济活动的影响是全方位的：从会计学角度来看，区块链分布式账本技术落地之后，对会计账簿和信息化电子记账带来的是难以伪造、无法篡改、开放透明、可追溯、易审计的显著变化。与此同时，还能自动实时完成账证相符、账账相符、账实相符，瞬时的资产负债表编制成为可能。从金融中介机构的角度来看，由于区块链允许本地生成私钥，从中导出公钥，再变换出钱包地址，自己给自己开账户，不需要中介，账户体系发生了变革，这在金融史上是一个非常重大的变化。担任中介机构的金融机构将受到较大冲击。从资产交易的角度来看，区块链可以创建一个新的金融市场模式，作为一个值得信赖的机器，资产交易可以去中心化。在资产交易中担任信息传递、互换和衔接的传统中间商将会受到很大冲击。从组织行为的角度来看，区块链使得有效的分布式协同工作成为可能。传统公司治理结构将会受到影响，堪称经济活动组织形式的大革命。区块链技术与流通业融合发展的原理有以下四类。

一　基于去中心化的原理

区块链技术的首要核心特征就是去中心化网络，其主要表现是点对点的数据库，传统数据库都是由某一个中心管理和运行的，是中心化的。区块链的数据库是由大量互联网上的节点共同构成，它是一个建立在现代化互联网之上的数据库，这个去中心化的网络所起的功能和作用并不是高效传输，其主要功能和作用在于众多互联网上的节点共同构成和维护了链上数据信息，若某一区块发生故障以后整个网络的数据信息和实际应用不受影响，甚至有1/3的节点发生故障以后，整个网络的传输数据的存储都没有任何的影响，所以区块链是一个建立在全体网络之上众多节点储存着全量数据的数据库。由此可见，区块链技术的红利来自所有权的分散化，[①]让区块链成为可能的是大规模的存储设备，每个人手中的存储设备。在此过程中，去中心化网络的好处就在于人人参与数据维护，数据信息不再集中，从而解决了这些问题，所以，去中心化可以说是互联网世界的未来变革，每个人都可以平等地参与数据的管理与维护。人人都平等，数据的所有权和收益权重归于个人。区块链技术系统之所以被誉为今后的发展趋势，就是因为去中心化而带来的个体公平参与性。

2019年11月6日，国家发展改革委员会公布的《产业结构调整指导目录（2019年本）》中，数据中心、云计算、大数据等被列入鼓励类产业。高新科技产业成为新经济、新业态发展蓝海。那么存储的未来在哪里呢？只有去中心化存储。当前比较常用的存储方式为企业内部存储、云存储和托管设备存储，这些方式都代表了传统的中心化数据库机房的部署模

---

① 2019年12月11日，美国著名的经济学家、未来学家乔治吉尔德在"2019T–EDGE全球创新大会"上的演讲。

式。在这个传统模式下，全部数据都被中心化的机房所储存，面临的风险点很多，包括泄露、篡改和灭失等多种可能。因此带来的劣势即是用户对中心化储存的信任程度比较低，但是与此对应，去中心化网络的特点是全网存储和集体维护，完美地解决了这些风险和问题。利用去中心化存储的特征，既可以使去中心化存储具有高度可扩展性，也确保了高性能，同时保障数据安全。利用区块链技术，进行去中心化安全分布式存储，在确保对数据防私自删改、可信存储的前提下，解决了大数据的存取及维护性能问题。同时，还具备了高效索引、支持水平扩展、防灾抗毁、信息可回溯等能力。基于区块链存储技术可以通过把所有的文件都存在于众多分布式、虚拟和分散的网络中，通过多节点布局增强了存储的稳定性及安全性。通过分散式数据库，外部攻击对黑客来说难于登天。另外，与中心化存储模式相比，一般"两地三中心"就属于最高级别的容灾，且建设成本高昂。这也是目前世界上即使是很多大型企业、机构容灾率都很低的原因之一。而区块链技术的全网去中心化分布式特征，降低了因战争自然灾害人为等因素所造成的数据遗失或者是损坏，使得数据能够实现一定时间间隔下的各版本数据的保存。同时，还可将通过共享帮助用户将空闲存储空间和计算资源商业化。未来还可以帮助用户通过共享实现存储的原始数字内容的价值，降低企业的运营成本，实现区块链的价值流通。随着当下千亿级别的在线设备无时无刻不在产生海量数据，去中心化存储已然提供了一种更安全、高效、可扩展的解决方案。

二 基于分布式账本原理

所有的区块链系统都包括"分布式账本和去中心化网络"这一对必备要素，分布式账本与去中心化网络是相辅相成、不可分割的。区块链网络没有一个中心服务器，它是由众多全节点和轻节点组成的，这些节点形成一个去中心化网络，这样的去中心化网络形成了分布式账本的基本特点。其中：全节点包含所有区块链的区块数据；轻节点仅包括与自己相关的数据。区块链网络是完全开放的，任何服务器都可以接入、下载全部区块数据成为全节点。所有用户持有的区块链信息都存放在一个分布式账本之中。这个账本是一个不断增长的由数据块组成的链条，这个数据块组成的链条是狭义的"区块链"。区块链分布式账本可被认为同时存储在所有的全节点之中。

从技术层面来说，区块链技术系统的机制设计包括以下五个方面。

第一层是分布式移动存储层。基于区块链技术去中心化的特性，区块链技术系统会利用分布式移动元数据管理系统来管理节点信息值和区块链上的凭证，这些凭证包括各类信息、数据和交易单据。同时，该系统使用分布式散列表协议来管理分布式管理器中的节点。

第二层是区块链算法层。区块链技术系统共识算法基于共识引擎，本质上为具备可扩展性的 DPoS 机制,[①] 将基于区块链技术的以太坊项目进行深度研发拓展，一方面可以实现对于以太坊智能合约等上层应用的平滑过渡，另一方面保证了底层公链的松耦合结构,[②] 实现模块的清晰化设计。

第三个层次为信用管理系统。区块链技术系统通过人工智能来计算用户的信用值，信用值可以反映用户的可信性和可靠性。该系统同时接受来自同行的合作评级来评估用户个体的可靠性。为了保证同行对信用值评估的一致性，可以将通过用户私钥对评级和行为进行加密，并将其记录在区块链中。同时将发布基于行为日志的评估模型，同行可以使用该模型来验证信用值。

第四个层次为哈希值随机数的产生和应用。区块链技术系统采用哈希值随机数来产生真正公平不可预测的随机结果，因此可以确保全网算力能够公平地参与计算。随机值的选择是保证公平的重要因素，随机数的确定必须是无法正常通过计算得出，只能通过穷举法不断尝试，这种机制保证了公平性。

第五个层次为零知识证明机制。零知识证明机制[③]是区块链技术的重要特点，其主要用意在于在不泄露用户信息的前提下证明价值传输过程是真实的、正确的，从而保证这一过程的公平和公开。

---

① 区块链技术的共识机制包括多个类别，如 PoW、PoS 和 DPoS 机制等，特点各不相同，下文会有对比。
② 松耦合系统通常是基于消息的系统，此时客户端和远程服务并不知道对方是如何实现的。客户端和服务之间的通信由消息的架构支配。只要消息符合协商的架构，则客户端或服务的实现就可以根据需要进行更改，而不必担心会破坏对方。
③ 零知识证明是指证明者能够在不向验证者提供信息本身内容的情况下，使验证者相信某个论断是真实可信的一种技术。也就是说，它既能充分证明自己是某种权益的合法拥有者，又不把有关的信息泄露出去，即给外界的"知识"为"零"。

三 基于共识机制的原理

共识机制是区块链技术体系的核心,当区块链技术越来越多应用于现实,共识机制也在不断改进,区块链技术系统发展至今,共识机制包括PoW、PoS和DPoS等几种。PoW（Proof of Work,工作量证明）,简单粗暴,就是组织庞大的算力,来解一个难度非常高的数学题,拥有的算力越多,解题越简单,获得的比特币也就越多,可谓是"多劳多得"的典型代表。随着时间推移,PoW共识机制的问题也越来越明显,它不仅效率低下,同时也浪费了太多能源。为了解决PoW的问题,有人发明了PoS机制。PoS（Proof of Stake,权益证明）是根据你持有货币的量和时间进行利息分配的制度。PoS机制最核心的逻辑就是——谁持有币,谁就有网络的控制权。在PoS机制中,仍然存在算力挖矿,需要算力解决一个数学难题。但数学难题的难度和持币者的"币龄"相关。简单来说,持币者持有币的时间越长,难题越简单,挖到币的概率越大。但PoS的问题是,大多数的持币人没有足够的专业知识或足够的预算,无法达到高性能节点所需的计算机硬件和软件要求,这时候就有了DPoS机制。DPoS（Delegated Proof of Stake,代理权益证明）这是一种基于投票选举的共识算法,有点像民主大会,持币人选出几个代表节点来运营网络,用专业运行的网络服务器来保证区块链网络的安全和性能。DPoS机制中,不需要算力解决数学难题,而是由持币者选出谁说生产者,如果生产者不称职,就有随时有可能被投票出局,这也就解决了PoS的性能问题。在DPoS机制下,算法要求系统做三件事：第一,随机指定生产者出场顺序；第二,不按顺序生产的区块无效；第三,每过一个周期洗牌一次,打乱原有顺序；而且,DPoS允许所有矿池每三秒钟轮换一次,并且其他人已被安排在后续进程中,于是,没有人可以在预设位置外生产区块。如果一个块生产者这么做了,就可能被投票出局。这意味着,生产者之间没有争夺,也不会遗漏区块,每三秒会有一个区块。相对于PoW和PoS,DPoS机制最大的优点之一是共识达成的周期要短很多。基于PoW的比特币每秒处理大约7笔交易；基于PoW和PoS的以太坊每秒可以处理15笔交易；而基于DPoS的比特股（BTS）每秒能处理超10万的交易量。EoS将通过并行链的方式,预计最高可达到每秒数百万币的确认速度。DPoS也会将一部分奖励分给网络维护节点和投票者，作为社区维护的奖励。简单来说，你只需要去给你认为能被选中并承诺分红的节点投票，这些节点被选中后便可挖矿，你就可以获得节点承诺的相应分红。而此收益不需要你真实的操作挖矿，而仅仅只需要你动动小手指去投个票。

区块链技术系统共识机制的主要应用之一即为电子签名。电子签名是一种可以实现无须双方在场、无须快递，只须将合同传递到第三方电子签名服务台上，短短几分钟，一份具备法律效力的电子合同便签署完成的技术。跟传统的线下签署相比，电子签名有着便捷、省时、省钱的极大优势，2005年，《中华人民共和国电子签名法》正式实施，电子签名以传统软件的交付方式，面向政务、医疗、银行等领域提供服务。2014年"SaaS化"在中国兴起，新玩家进入企业级服务市场，围绕更便捷的服务展开创新，更多的资本也开始关注这一市场。尽管电子签名的优势非常强大，但是也充满挑战。尤其是与司法紧密连接、合规性隐患等问题。电子签名就像一条正在修建的互联网商业高速公路，修成之后企业间的合作成本会更低，效率会更高，对于数据的安全方面和个人隐私保护方面等级也会更高。

四 基于不可篡改的原理

区块链之所以被称为blockchain，是因为它的数据块以链状的形式存储着。从第一个区块即所谓的创世区块开始，新增的区块不断地被连到上一个区块的后面，形成一条链条。每个区块由两个部分组成——区块头部和区块数据。其中，区块头部中有一个哈希指针指向上一个区块，这个哈希指针包含前一个数据块的哈希值。哈希值可以被看成是数据块的指纹，即在后一个区块的头部中均存储有上一个区块数据的指纹。如果上一个区块中的数据被篡改了，那么数据和指纹就对不上号，篡改行为就被发现了。要改变一个区块中的数据，对其后的每个区块都必须相应地进行修改。比特币区块链设计有一种机制让这种修改难以发生，一个区块中的数据是被打包进这个区块的一系列交易。这些交易按照既定的规则被打包形成特定的二叉树数据结构——默克尔树（Merkle trees）。按目前的比特币区块的大小，一个区块中能容纳的交易数量在2000个左右。比特币区块链的数据结构中包括两种哈希指针，它们均是不可篡改特性的数据结构基础。一个是形成"区块+链"（block+chain）的链状数据结构，另一个是哈希指针形成的默克尔树。链状数据结构使得对某一区块内的数据的修改很容易被发现；默克尔树的结构起类似作用，使得对其中的任何交易数据的修改很容易被发现。从技术角度来说，区块链技术实现的不可篡改原理的保障是要建立完善的安全防篡改系统。通过该系统防止并降低恶意节点伪造行为日志篡改系统，具体说来，当用户生产至少一个月有效行为日志才能被授予用户令牌，行为日志是否有限将通过模型进行验证。该策略可以防止恶意节点生成或者改变组设备ID。同时，在将令牌授予用户之前，链上数据可以通过比对系统管理平台的数据来检查行为数据和日志是否有效。最终达到的目的是保证正确传递的加密算法，不可篡改的数据，稳定的系统运行。数据以点对点形式的共识状态下写入，可以追溯查证、但无法篡改。该系统具备多种优势，首先是数据信息是透明的，指的是物流业中的数据信息在上链之后对全网算法节点来说是透明的，数据信息的本身和后续更新等操作也是对全网节点开放的，所有操作行为均透明可查，这是基于区块链技术底层代码的公开特性，所有数据信息在元数据和后续变动均是可以追溯的，这就为全网节点对该数据信息的审查、跟踪和溯源提供了极大的便利性。其次是开放性的特点，与公钥和私钥相对应，数据信息的开放性指的是除私有信息被加密以外，其他的全部信息和数据是公开的，全网算力节点都可以正常地很容易地实现查询，即便是全网节点以外的个体也可以通过互联网公开查询区块链接口所提供的数据信息，若无其他特殊要求，全部公开的信息都是可以随时查询的，只需要具备全球互联网覆盖基础即可。除了上述透明性和开放性之外，不可篡改也是重要的特性，主要是指数据信息一旦上链，且被全网算力进行验证而添加进区块链信息之后，该数据信息将被永久记录储存且不可篡改，该过程是不可逆的。没有任何中心化的数据库可以实现更改，也没有任何个体拥有更改信息数据的权限和可能。自治性指的是以区块链底层代码所规范的信任机制可以代替传统社会中的个体情感信任，个体的作用变得微小，体系的力量无限放大，此时所有组织和个体的行为都是在可信任的机制环境下进行，任何对区块链数据信息的个体干预都是徒劳无效的。

区块链技术系统的不可篡改特点将是其投入实践应用和具备丰富应用场景的独特优势。将区块链投入使用的第一类设想正是利用它的不可篡改特性。农产品或商品溯源的应用是将它们的流通过程记录在区块链上，以确保数据记录不被篡改,从而提供追溯的证据。在供应链领域应用区块链的一种设想是,确保接触账本的人不能修改过往记录,从而保障记录的可靠性。以知识产权保护方面的区块链技术应用为例,在版权保护方面区块链技术的应用十分有效,借助区块链技术可以确保文字、图片、音视频等作品上链后,作者提交的作品信息和作者信息等一一被记录成区块,并加盖相对应的时间戳,当作品发生版权转移时,会连同时间戳也附带上,以此证明版权所属问题,与此同时为交易双方提供了合理有效的法律证据。

第二节 区块链技术与现代流通业融合发展的应用实践

从本质上来说,区块链能够把不同产业数字生态连接成一个价值网络,而且它的数字资产能力也能在数字经济中起到独特的作用。对于产业区块链而言,整体的发展路径可能会分为三个层次。首先,区块链可以解决中心化系统的弊端,实现数据的可信;其次,结合智能合约和其他技术,区块链可以解决商业信任关系,重塑合作关系;最后,数字资产可以建立数字经济时代的全新价值体系。因此,产业区块链是区块链产业发展的一个阶段,旨在解决商业环境中的特定问题,如优化业务流程、降低信任成本、提高效率等。区块链的发展浪潮远不止数字货币,"区块链+产业"的市场将会更大、更具有吸引力,因为这可以直接推动企业间以及企业和消费者之间的价值链接。

区块链技术系统通过全网区块的链接,实现了全网协同运算、全网分布式账本存储和多重加密手段,建立强大的信任关系和价值传输网络,使其具备去中心化的、去第三方信任的、验证后不可篡改等主要特性。这些特性可以融入传统行业中,解决产业升级过程中遇到的信任和自动化等相关的问题,重塑传统产业,提高产业效率。更为重要的是,区块链可以解决金融产业"脱虚向实"的问题,建立高效的价值传递机制,通过资产数字化,提高传统资产的流动性,进而促进传统产业数字化转型,同时构建产业区块链生态。区块链和实体产业的结合,最初的主要需求是利用区块不可篡改等特性来"增加信任"。事实证明,产业区块链的落地应用场景中，当前主要分布在金融、司法、版权、医疗等对数据信任要求很高的应用场景，并且这也在逐渐成为产业区块链大规模落地的方向。同时，随着"信任"问题得到解决，为企业间的多方协作奠定了基础，商业社会中低效的合作模式将通过智能协同、信息共享等手段，简化合作流程，提高协作效率，实现信任互联网。可以看出，在产业区块链发展的初期，数据信任是未来发展的重要基础，而身份认证、数据交换、资产交易等应用场景都将会是基于此所衍生和拓展的功能，最终能够更好地服务实体经济。除此之外，区块链在物联网、物流、公共服务等领域也均有落地和发展。

从当前的实际应用情况看，区块链技术比较适用于存在多方交易且信任基础较弱的特定金融场景，其分布式架构、块链式结构、共识机制、时间戳等技术安排有助于提升链上信息的篡改难度和可追溯性、缓解信息不对称现象，与加密技术的结合有助于提升隐私保护力度、降低数据泄露风险，而点对点网络的运用有助于实现信息并行传递、提升业务处理效率，智能合约的引入则有助于实现业务流程的自动化执行，可用于融资、支付结算、信息存证及流通、保险理赔、金融监管、资产证券化等场景，增加信息可信度、缓解重复交易，提高相关参与方信息交流积极性和业务处理效率，且能在一定程度上降低道德风险和操作风险。

一　流通业供应链重构

经过过去多年的发展，中国流通业的地位不断提高，规模和质量日益增强，对国民经济的贡献越来越大，其主要在于流通业供应链的科学发展和不断完善，供应链体系的高水平发展已经成为链接生产与消费的重要途径，主要表现在：第一，流通业供应链的发展模式不断丰富。多年来围绕供应链发展的新技术层出不穷，流通业供应链的信息化和标准化水平日益提高，供应链的不断完善和快速发展在衔接上下游产业的良性互动方面发挥了至关重要作用。第二，中国现阶段流通业的管理经验和运输能力已经达到了较高水平。传统观念中的流通业附属地位和低效益增长已经成为历史，取而代之的是新技术的装备、新业态的出现和新的管理经验的不断掌握，流通业现代化的水平和之前已经不可同日而语，而且随着信息化水平和标准化水平的不断提高，行业地位日益重要，在国民经济中的地位和作用已经达到前所未有的高度。第三，流通业供应链的参与主体日渐丰富，市场网络较为稳固。随着多年来的发展，流通业供应链的参与主体无论从所有制结构还是产业链关系上看，都较为丰富，分工更加细致，能够更好地适应社会主义市场经济的发展要求，同时供应链网络建设成效明显，整体市场网络结构已经形成。但是不可否认的是，我国现阶段供应链的参与主体尚不成熟，有些主体的市场化参与意识不强，积极性不够，影响和制约流通业发展的供应链相关瓶颈问题频频出现，从供应链网络建设的角度来看，尽管整体网络结构基本具备，但是结构不平衡的情况仍然存在，制约了流通业效率的提高。

鉴于这些问题，自2015年以来，党中央国务院深入研判出台了一系列推动供应链发展的指导意见，对供应链的健康发展提供了政策指导和发展支持。2017年10月，在国务院办公厅印发的《关于积极推进供应链创新与应用的指导意见》（国办发〔2017〕84号）中更是明确提出：研究利用区块链、人工智能等新兴技术，建立基于供应链的信用评价机制。2018年10月，商务部等8部门公布266家全国供应链创新与应用试点企业名单。其中，部分代表性试点企业利用区块链技术在物流供应链领域开展实践应用，取得了一定积极成效。近年来，全球经济体之间的合作与竞争已逐渐升级，演化为全球供应链之间的协同与发展。2018年全国社会物流总额283.1万亿元，物流供应链需求较为旺盛，全国社会物流总费用13.3万亿元，中国已经成为全球最大的物流供应链市场。据不完全统计，国内外披露的无币区块链项目中，物流供应链方向的项目超过35%，物流供应链领域已经成为区块链技术应用最具潜力的市场。当前，物流供应链领域存在多方主体参与，还有庞大的信息交流共享，其中往往涉及敏感信息以及信息安全的问题。通常掌握供应链话语权的强势企业会构建一个中心化的物流供应链资源共享平台，以供上下游企业进行线上信息对接和线下运营合作，但是，此类平台的安全性和完备性完全依赖核心企业，在长期运营上存在较大风险。从供应链企业内部来看，生产数据造假、设备数据孤岛、一线员工工作单调重复、机构臃肿、沟通成本高、信息传递效率低等问题日益凸显。从供应链上下游来看，供应链全网数据难以获取，信息共享过程中的掣肘仍然存在，包括信息流、资金流、物流、商流在内的多流合一仍然尚未完全实现，这将导致企业协同交互成本高、多方协同难以实现、供应链数据真实性难以保证，最终导致企业信用体系缺失，中小企业融资难。区块链技术的出现为解决上述问题提供了解决出路。由于区块链技术分布式共享账本、公开透明、防篡改、可追溯等技术特性，可通过协同供应链中的各方构建一个既公开透明又充分保护各方隐私的开放式区块链网络，打造现代化的供应链体系，真正实现供应链体系的多流合一，从而大大拓展供应链的发展空间和发展活力。

基于全网共同验证、一经验证即不可篡改等技术特点，区块链技术与行业融合发展的过程中最适宜的落地场景：跨主体协作，需要低成本信任，存在长周期交易链条。这三个应用场景所利用的都是区块链的不可篡改特性。多主体在一个不可篡改的账本上协作，降低了信任成本。区块链账本中存储的是状态，未被涉及的数据的状态不会发生变化，且越早前的数据越难被篡改，这使得它适用于长周期交易。

在流通业供应链场景中，多方协作、难以篡改等特性可缓解信息不对称问题，将核心企业信用传导至更多层级，智能合约则有助于实现交易自动化，在一定程度上缓解资金挪用、恶意违约等问题。在库存融资场景中，通过结合物联网技术，可增强对质押物的监控保障，有助于实现出入库记录和质押记录的安全存储和可信共享，降低库管人员操作层面的道德风险以及融资方主观欺诈或与仓储监管企业串通舞弊的风险。未来随着区块链技术的演化和发展，流通企业供应链发展中区块链技术的应用将会是个重要的突破口，无论采用现有公链还是部分企业联合的联盟链等何种方式，尽快将区块链技术投入行业应用，实现上下游战略联盟之间的资源共享、信息互通、资产确权和协调机制的建立等发展目的，对流通业的发展来说具有重要而又积极的影响。

具体说来，在流通业上下游贸易中，用区块链技术提高贸易效率，加强风险管控水平，降低全产业链条交易成本。很多工业品和农产品的贸易需要经历复杂的流程，伴随这一流程的是烦琐的制度和文书工作，而这将花费贸易双方大量的时间精力。尤其是大宗商品的贸易涉及交易双方、第三方托运商、金融机构、海关、质检等机构，涵盖达成交易、签署合同、委托商检、船舶动态监控、船代管理、报关报检等一系列流程。传统模式存在流程长、节点多、周期久、风险高、涉及实体多、占用资金多等不足。传统交易模式已经进入到以交易效率为"瓶颈"的发展周期，要突破这一瓶颈需着力于提高行业交易效率和交易信用。参与这一过程的生产商、贸易商、银行等主体，一直希望能够简化这套贸易流程。而区块链技术的出现，则为解决这一问题提供了可能。区块链技术通过单据的数字化和智能合约的逻辑化把整个交易流程数字化，通过多节点间的共识机制完成技术增信。一方面，利用区块链的智能合约技术，可以提高效率、降低成本，智能合约可以按照预先设置的触发条件自动执行买卖条款，推进电子文件、智能合同和认证转让，提高效率的同时，也大大降低了成本。另一方面，区块链的共识机制让大量单据不再需要进行烦琐的人工验证和确认，就可以实现所有权从买方到托运人再到卖方的转移。区块链为经常出现复杂手续和漫长等待的全球贸易带来了更好的沟通及更高的透明度。

除了贸易交往，在仓储物流方面也是如此。区块链可以用来优化大宗商品的质量控制和供应链管理。传统模式下，不同企业各自保存涉及已方的物资流、资金流、信息流等数据，缺乏透明度，各方都无法实现对于整个供应链的有效管理。一旦出现冒领或错领货品、货品假冒或不合格等情况，进行查证和处理的难度较大。尤其对于大宗商品行业来说，供应链上的每一方都可以通过多方协同工作来解决这一问题。区块链可以提高效率、减少失误、实现仓储物流系统转型，包括物流、货源、仓单管理和质量控制、采购等。通过区块链，各方可以维护一个统一、透明、可靠的物流信息平台，提升仓单管理水平。利用这个平台，可以合理规划仓储或路径、实时查看状态、追溯生产源头等，在发生纠纷时，进行举证和追查也变得更加容易，从而提高物流管理水平。

"区块链 + 电商"，生产、流通、消费环节信息全共识，消费者开启"上帝视角"。供应链结合区块链的关键驱动因素是节省成本，增强可追溯性和提高透明度。最有可能落地的领域就是供应链领域。因为供应链天生在时间和空间上对区块链技术有依赖性。金融区块链和金融供应链的管理相结合会大大改变供应链的现状。我们以后肯定会看到相应的综合性企业来实现"供应链 + 区块链"的典型的应用。

区块链还可以改善运输业生态系统。运输业的特点与区块链技术贴合程度较高，对运输业来说，运输状况的数据无疑具有重要的作用，区块链技术的引入将会极大地改变运输业的发展现状，具体来说，相关企业采用区块链技术之后，可以对所运输的货物实现全天候的全面跟踪溯源，以至于不需要采用传统的信息采集、信息上传的旧有方式，大大提高了上下游的协同水平和用户体验满意度，尤其是关于货物通关环节，海关系统可以根据区块链上的记载信息对货物的周转状况很快做出全面详细的判断，大大提高了通关效率。在货物交付环节，关于物权转移的确权和账单支付问题,同样通过区块链技术可以得到圆满解决。除此之外,多年以来制约运输业发展的难题也有望得到根本性解决,比如运输业的上下游企业可以通过联盟链的方式以私密、安全和开放的分布式账本来调阅和跟踪某项具体的物流信息,使各个利益主体均时刻掌握全面信息,防止传统业务中的欺诈和诈骗行为的发生,同时区块链技术中的智能合约还可以应用于运输业的上下游企业之间,该智能合约可以针对各利益主体的实际情况形成触发条件,减小了人工洽谈和沟通的成本,精简、安全和一定范围内的私密特性为各个利益主体提供了公平一致的信息和判断,有助于相关企业提前掌握运输信息,从而尽早做出决策。通过区块链的技术,轻松实现了产业链条上下游企业之间的信息协同和流转效率,通过格式化的条款触发条件来实现上下游企业之间的自主交易行为。同时,借助区块链技术与物联网的结合,可以充分解决上下游产业链条的企业之间进行相互信任的障碍,减小了内部消耗,提升了各方运行效率。区块链技术的应用可以针对相同的事实以最高效的方式解决纠纷和争端,增进上下游企业之间的互信和合作意识。

整体上看,从国外区块链技术的应用实践来说,物流企业对区块链技术的应用既很有前景,又是可以优先突破的尝试方向。据不完全统计,物流行业中大致六成的企业都有将区块链技术引入的愿望和实际需求。其主要原因在于物流行业的上下游链条利益主体较多,网络完善,同时由于资金流、商流、物流等多流的流转和共享,物流生态圈的各个企业之间需要较高的协同度和沟通要求,在传统场景中,各个利益主体之间的信息缺乏透明度,主体之间过多的是市场交易行为,而牵涉到顶层设计、架构部署和平台应用等方面的深度交流和合作非常少见,因此一旦出现纠纷和争端,处理起来时间较长、效率低下,最终难以有效地挽回损失。随着区块链技术的引入,多方可以共同搭建区块链技术应用平台,在此平台上所有过往数据信息和商品流转状况将会一目了然,所有信息都是分布式记账,不存在篡改可能,全都是真实有效的,这为各利益主体之间的纠纷处理、矛盾化解和货物结算等方面提供了极大的便利。

二 商品追溯体系应用

区块链技术与现代流通业融合发展的另一大阵地是商品追溯体系的应

用。区块链技术系统的分布式账本和去中心化网络特性为商品追溯体系的应用提供了极佳的应用体验。无论是有形商品还是信息数据,通过区块链技术可以实时进行追踪记录,从商品的元数据上链开始,每一次商品的出货、流转、检验、仓储等环节都可以以数据信息的方式上链储存,任何一个数据只要经过全网算力确认即永久储存且不可更改,基于此,包括农产品在内的各类商品信息从源头采集或生产、原材料记录、生产环节和加工过程、仓储检验信息和海关出入境等全流程、立体化地实现了全天候追踪和随时可追溯。这主要基于分布式储存和去中心化网络的基本特点,在传统的中心化数据库时期,商品流转的各个环节的信息并不互通,信息孤岛现象突出,而且中心化的数据库数据容易被篡改且不易被发现,信息并不公开,而区块链技术中时间戳概念的介入,让这些传统运营模式下不好解决的诸多问题都迎刃而解,全网算力节点对商品所有信息具有一致的看法和相同的信息,一经全网确认即无法更改,所有与相关利益方有关的信息都会得到保存,部分不利因素也不会出现灭失的可能,随着区块链技术的引入,传统的成本高、易灭失和信任缺乏等顽疾都能够得到根本性的解决。区块链技术发展演化的十多年以来,截至2019年,包括世界知名公司IBM、甲骨文、思爱普等在内的众多流通企业和大批中小信息技术服务商加速流通行业区块链布局,区块链技术在流通业尤其是商品追溯体系的应用时代已经到来。国内的京东集团开发的智臻链也是国内企业运用区块链的典型案例。智臻链蕴含了京东期望利用区块链技术实现行业和社会价值的美好寓意,智是代表智能技术,臻是代表对人民美好生活的向往,链是代表连接、共建、共治、共享。京东希望在云上建立一个低成本的云的区块链网络,企业能够通过云化的方式,低成本地使用区块链,未来会在京东云上提供更多低成本使用区块链的技术为流通上下游合作伙伴服务。截至2019年10月,智臻链防伪追溯平台已有超13亿追溯数据落链,700余家合作品牌商,6万以上入驻商品,逾600万次售后用户访问查询,而JD BaaS已经支持了超过30个客户试用体验,完成了外部应用客户的正式签约突破。①

区块链技术在商品追溯体系上的应用,从技术上来说是基于区块链的技术,利用区块链独特的不可篡改的分布式账本记录特性,可以基于区块

---

① 数据源自京东科技智臻琏官网。

链、物联网技术搭建溯源区块链平台和基础设施，首先用于农副食品溯源和有机绿色农产品的追溯，由区块链技术构成的追溯体系是对所有参与者开放的，基于区块链技术的特点，该平台也是值得信任的和独立无干扰的。这样的平台需要政府和社会各界的广泛参与，包括市场监管机构、检验检疫部门、市场流通机构和流通各环节主体在内的众多主体参与，从而实现信息共享、监控全覆盖，在多方参与中实现相互制衡，同时通过终端移动互联程序实现对终端消费者的全开放，消费者在进行消费选择时可以通过该系统进行商品的全流程追溯，拥有全面详细的信息，这些信息是由最初的上链信息加盖时间戳而构成的，这些信息经过了全网算力的验证，因此无须担心遭人篡改的可能，信任问题由此解决。与此同时，基于区块链技术的商品追溯平台还需要注意在使用过程中搭建基础分布式通信网络，这是该追溯平台运行的区块链基础设施，软硬件的开发需要注意终端用户的易用性和实用性，前端程序的开发和终端使用的接口应该经常迭代更新，以更好地适应使用者的使用需求。具有动态调整功能的商品追溯系统可以有效地提升商品流转效率，保护消费者的知情权，为消费者的消费选择提供加大的便利，促进终端消费。商品生命全周期的上链，是商品追溯系统开发的最终目的，全周期上链彻底链接的生产、流通和消费各环节，建立了一套全天候、立体化、全面追溯的商品溯源系统，控制了商品质量，避免了劣质商品的出现。

长期以来，商品追溯十分困难，没有向终端用户开放，劣质商品和不符合检验标准的农副产品充斥市场等问题既影响了消费者的消费体验，也严重制约了消费市场的增长。因此，严格控制电子商务商品的质量、精细化管理物流各个环节，成为电商物流企业狠抓落实的关键问题。通过搭建商品防伪和溯源管理系统，可以有效杜绝问题的产生。区块链通过时间戳、分布式存储以及非对称加密等技术，能够对商品生产和流通的各个环节形成不可篡改的记录，在技术上保证数据的真实有效和唯一性。电商运营人员和最终消费者可通过全链路物流信息的比对，来有效防止非法和虚假物流记录，从而达到追溯源头和商品防伪的功能。目前，国内电商头部企业为杜绝制假售假、保证商品质量，很多企业已经借助区块链技术平台将商品信息上链，方便全网记录和验证，而且数据信息是全面、真实、有效的。对于进出口商品来说，区块链技术可以更加方便地记录商品的生产加工、检验检疫和通关报税等各个环节，全流程信息一览无余。因此，电商平台销售的产品通过区块链被打上了独一无二的身份标签，这让消费者利用溯源系统查询商品真实来源变得简单快捷。苏宁于2019年11月宣布使用"区块链溯源"技术避免海淘物流造假。[①] 苏宁的区块链平台利用区块链技术为每一个跨境进口商品打上标签，以此标签为依据，所有商品的原产地信息、生产过程、运输方式和检疫结果等全程信息均可以随时掌握。

对流通业的大宗商品的追溯体系应用和行业监管问题，区块链依然能够提供充足的技术支持和保证。大宗商品市场大多由于特殊的政治、经济和战略地位，行业需要受到过国家的严格监管，而目前执法机构面临两大问题。一是监管部门过多，数据割裂；二是数据真实性难以确认，难以对数据来源进行追踪。区块链有望同时解决这两个问题。首先，区块链的共识机制促进监管机构多方协作。产业链各环节都会产生海量数据，在目前行政管理体制条块分割现象严重的背景下，各环节、各部门的数据可能会产生数据垄断和出现信息孤岛，利用区块链技术实现多系统、多部门协作，有助于打破现有数据藩篱和信息壁垒、促进生产大数据的流通，有利于实现天然气精细化管理和产供销的平衡。其次，通过区块链的电子化存证，确保数据不可篡改，降低监管成本。区块链技术的高度透明性和匿名性，所有的数据上链后会得到严格的保护，但同时不会妨碍查阅，增加了便利性。所有数据上链后，第三方只要得到授权就可以在任意时间轻松访问，这对监管机构来说是一个优势，将有助于其保持对产业链真实数据的检查，成为行业的巨大飞跃。

三 流通企业融资问题

近年来，随着经济环境的普遍低迷，实体经济出现了一些困难。尤其是在事关企业发展全局的融资问题上，一些问题长期得不到较好的解决，主要表现就是企业的融资较难，限定条件较多，获取资金支持的门槛较高，资金成本高企侵蚀企业利润等多个方面。这些问题的出现既是外部大背景的具体体现，也是各行业所遇到的共性问题。企业融资问题的出现，原因是多方面的。

[①] 《阿里、京东、苏宁的双十一"链"战》，新浪财经，2019年11月7日。

第一，长期以来，信用市场建设力度不足，相关法律法规尚不健全，导致企业在经营过程中对自身的信用建设重视程度不够。由此造成的企业信用等级缺乏记录、等级偏低，严重影响了获取金融机构资金支持的节奏和力度，这是企业融资出现诸多困境的关键因素。3A信用评级说明企业具备了优异的信用等级，市场认可度很高，但是我国目前达到此评级的企业总数十分缺乏，即便以上市公司的优秀企业集群来看，比例仍然偏低，全社会整体信用水平过低，与西方发达国家差距较大。与此同时，银行等金融机构为了规避自身经营风险，为融资企业设置了过多的审核条件和融资门槛，企业融资时遇到的条件较为苛刻，同时即便获取到融资支持，中间环节的费用过高、审批烦琐，侵蚀了企业利润，严重影响了企业的经营效率。在此背景下，很多企业无奈通过其他民间手段融资，各种倒贷行为出现，而民间资金的成本过高，也为下一步企业发展埋下了巨大隐患，近年来一批又一批的企业在有关民间借贷的问题上出现流动性风险，乃至破产清算。企业是最重要的信用主体，企业诚信度的提升对于改善企业融资环境、拓宽融资渠道、增强融资定价话语权至关重要。因此，解决企业融资难、融资贵问题，首先要提高企业诚信水平，这也是我国社会信用体系建设的重中之重。

第二，中国与融资相关的担保体系十分薄弱，没有起到信用保障的功能。我国目前担保公司的发展现状是缺乏新客户群体、专业知识匮乏、服务能力弱、中间环节烦琐、行业费用较高。从过去几十年国内国外的实践经验来看，对任何一个国家来说，发展和完善担保体系是破解各行业企业融资难题的关键因素，完善的担保体系可以提升企业在关键时刻的融资能力，帮助企业渡过难关，担保行业发展不完善，相对应企业的融资环境都会受到影响。我国的融资担保行业经过几十年的快速发展，取得了一定成绩，在某些阶段为国民经济增长提供了一定支持，但是平心而论，从担保行业自身发展的角度来看，无论是规模和实力还远远满足不了市场需求。在融资性担保方面，近几年我国融资性担保余额基本维持在2.5万亿元左右，占中国社会融资存量规模的比重极低，还不到2%，而日本的担保贷款比重约为8%，美国约为5%，从比例上看，融资性担保并未发挥其应有的作用。从收费标准上看，我国的融资担保机构的平均收费标准为2%—3%，而日本仅为1%左右，与其他国家相比，融资费用过高。当前我国政策性担保发展方向尚不明朗，限于各方面因素并未承担起应有的社会责任，与此对应商业信用担保机构定位不清晰，发展方向不明，自身实力较弱，对企业融资需求的痛点把握不透，同时，区域及行业布局不合理，行业风险过大，监管约束较多，知识产权、应收账款、股权等抵质押担保业务尚无起色，代偿能力较弱等问题，严重制约了担保体系的作用发挥，在此过程中，企业无法通过担保机构获得融资服务，金融机构因为缺少有效的担保机制而不愿放款。特别是，对大多数抗风险能力更弱的中小企业来说，他们对融资需求更为强烈，高度依赖担保体系，这样的情况更加加重了这些企业的融资困难，据有关数据统计，近年来，我国中小微企业中有超过四成的企业在融资时遇到困难，获得资金支持的难度极大，按照金融机构的正常要求无法获取资金支持，于是很多企业不惜从其他渠道获取资金，如民间借贷、高利贷等渠道，这反倒加重了企业负担，通过融资获得发展成为空谈。

第三，在各种因素制约下的直接融资市场发展缓慢。体制机制等因素制约了直接融资市场的发展，从企业自身来说，优化融资结构和控制融资成本的动机和能力不足。与间接融资相比，直接融资没有第三方机构的风险控制和中间交易环节的保护，而更多地取决于信贷环境和机构担保，是缩短金融链，降低企业融资成本的重要措施。当前，中国直接融资市场缺乏系统、完整的法律制度保障，信用环境的改善不明显，极大地制约了直接融资特别是股权融资的突破性发展。股票市场和债券市场融资只能设定更高的门槛，以弥补监管不足和风险规避等问题，并对公司的资本实力，信用等级，财务状况等提出更高的要求。许多具有发展潜力的公司难以改善通过直接融资市场。融资情况、资金与公司融资需求之间的直接联系不畅通，这在不同程度上增加了公司融资的难度和成本。从股权融资市场的角度来看，与中国香港和美国企业的上市条件相比，中国的门槛最高。《中华人民共和国公司法》规定的公司上市条件，对中小企业和民营企业的上市和融资施加了较大的限制。一些特殊股权结构企业和新型企业的上市和融资面临着无法克服的制度障碍。就债券市场而言，尽管中国债券市场规模已跃居世界第三，但债券市场的发行主体主要集中在大型国有企业，小型企业。中小企业集体债券和中小企业私募债券存在信贷瓶颈，市场规模很小。发行债券的高昂成本使其难以显著改善中小企业的融资困难。

中小微电商物流企业受信用体系缺失、融资渠道贫乏的影响，一直受到生产发展资金缺乏制约。物流金融业因为参与方在信息对称性、管理水平和经济实力方面的差异，导致业务水平与效率不高。通过引入区块链技术，将区块链与物流金融信息数据库相链接，利用链式账本实时记录各个参与方的交易信息，从而建立高效、安全、透明和信任的交易环境。物流企业、融资企业和金融机构基于区块链系统，可实时共享交易数据，减少不必要的审核和检验，达到高水平协作。在资金流通过程中，区块链的非对称加密算法、数字签名及零知识验证技术可确保用户数据的安全性和隐私性，并且保障金融机构在进行授信时参照的数据是准确有效的。由于交易参与方每笔交易信息被区块链及时、准确地记录下来，分布式的账本数据将更加透明化，避免因信用记录伪造而引发风险。中小企业主要是在采购、经营和销售阶段需要融资。这三个阶段的融资问题，对企业的生存发展影响极大，主要包括以下三个方面。

第一，预付款融资模式采购阶段。预付款融资模式也被称为保兑仓融资模式。中小企业在缺少购买原材料的款项时需要进行预付款融资。标准的操作是在中小企业提货之前，双方需要签订订购合同，之后由优势企业担保从金融机构为中小企业申请贷款，贷款审批之后用于支付货款，之后由发货方发货，货物通过物流企业发货后，中小企业将仓单交给银行，此时银行放款，中小企业再缴纳保证金然后分批提货。预付款融资模式的前提是在经销商承诺会回购货物的情况下才可以进行。分批提货大大降低了中小企业全额购货的资金压力。对于银行来说，产品质押、物流企业授信担保，大大降低了风险，如图4—1所示。

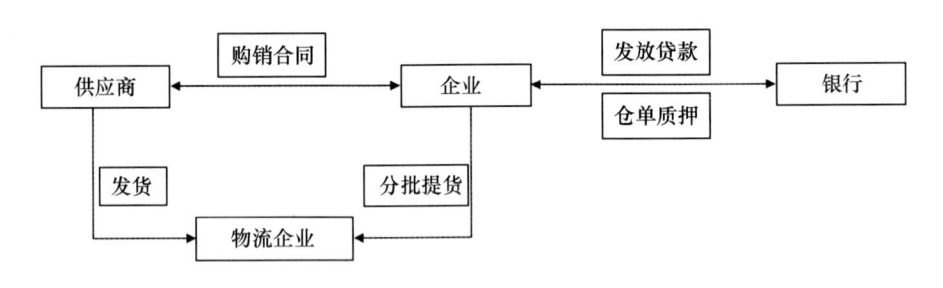

图4—1 预付款融资模式

第二，存货类融资模式运营阶段。存货类融资模式是动产质押融资模式，也叫融通仓业务。动产质押融资模式主要是中小企业手中有存货，但缺少资金，用自己的货物作为抵押物来获得融资资金。传统融资模式中因为风险太大，这种方式并不受青睐。中小企业抵押货物的时候，银行将货物交给物流机构估价。在这个过程中，中小企业也可以向物流监管公司申请，拿出部分货物售卖，如图4—2所示。

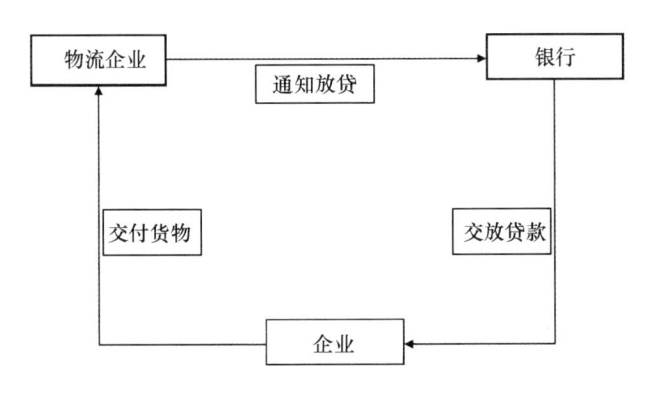

图4—2　存货类融资方式

第三，应收账款融资模式销售阶段的应收账款融资模式是指中小企业没有收回核心企业的欠款，但是又缺资金的时候，将核心企业的赊账凭证交给银行进行贷款，获得资金进行生产。当到了还款的时候中小企业没有按时还款，银行可以凭借赊账凭证直接向核心企业收款。在这种交易模式之下，核心企业自身实力强大，信用级别高，长期与银行等金融机构有信贷关系，银行将中小企业无法还款的风险转移到它们身上，从而降低了风险。对核心企业而言，到了还款期必须还款，还给中小企业和还给银行是一样的。但是在这个过程中利用核心企业的信用度帮助中小企业获得资金，能够保证中小企业的正常运转，如图4—3所示。

对流通业产业链上的相关企业来说，由于存在资产抵押性不足、轻资产运营等共性问题，上述融资难、融资贵的问题尤为突出，已经严重制约了流通业的健康发展。随着区块链技术在流通业的应用，流通业企业融资问题将会得到根本性的缓解。从区块链技术在流通业的应用思路上看，在流通业企业融资场景中，利用区块链技术的广泛的分布式特性，方便各参与主体确认底层资产信息并保持信息同步，而将资产的转让完整真实地记

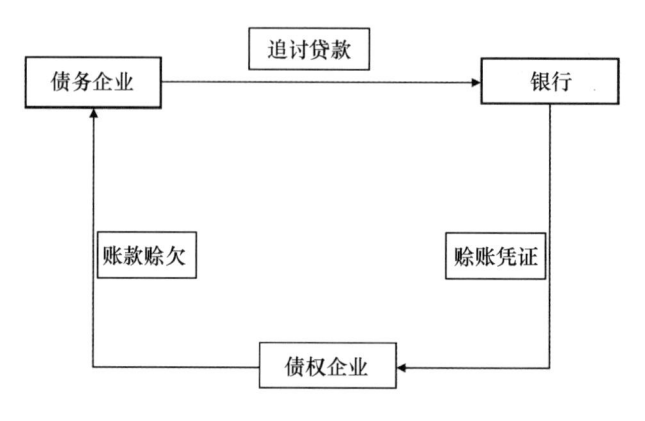

```
        ┌─────────┐   追讨贷款   ┌─────┐
        │ 债务企业 │ ──────────→ │ 银行 │
        └─────────┘              └─────┘
             ↑                      ↑
         账款赊欠                赊账凭证
             │                      │
        ┌─────────┐
        │ 债权企业 │
        └─────────┘
```

图 4—3 应收账款融资模式

录于链上，可方便追踪资产所有权，缓解"一笔多卖"问题。同时也应看到，区块链技术目前在各类金融场景中的作用主要体现于数据共享协作，且仍存在上链信息真实性保障难、数据跨链协同难等挑战，需继续加强探索与物联网、云计算等技术形成合力，从而进一步释放其综合效应。同时，除了公链上的应用，区块链技术服务于流通业企业融资问题还可以从联盟链入手，从联盟链入手是对现有流通业企业信用信息跟踪和管理方式的一种改进，也就是信息上链，采用公链+token 的方式，对流通业企业相关资产进行上链。对于流通业企业的投融资而言，短期内，联盟链是更合规的一种方式，可以和传统的供应链金融模式相结合，帮助资金方增进对目标资产的熟悉和透明度，打通信息链，降低企业的尽调成本，帮助流通企业快速获得传统融资。长期来看，或许在不久的将来，可能出现直接将数据、信息、品牌和技术等要素"资产上链"，也就是将这些资产进行 token 化，例如，token 化的既可以是数字提单，也可以是企业 ABS 资产，也就是现金流，还可以是流通企业的股权。这样流通行业可以实现极为快速的资产流动性。相关资产可以在区块链的公链网络上进行点对点的价值传递。产生的分红以及对应的其他权益都可以通过区块链的智能合约进行链上的自动化执行。总之，数字资产可以采用区块链技术在链上进行方便快捷且安全的流通、转移和交易。以京东集团为例，京东正在目前正在积极推进场景是电子仓单质押领域，就是把工业品的供应链流转数据及电子单据,上链并开放给资金方,希望资金方在授信过程中,可以清晰地看到真实的工业品在仓库当中的状况和数据,包括这个物资的来龙去脉,具备这样的条件供应链企业的融资过程就会变得完整、全面和更加可信,有力促进了融资问题的解决。

四 贸易支付结算优化

区块链技术与流通业发展融合的重要应用场景即为支付结算的优化问题,这也是区块链技术的初始用意和天然优势。支付的真正意义在于让货币得以流通。如果信用是货币的内涵,那支付就是货币的外延。近几年,区块链凭借其独有的信任建立机制,给整个金融行业带来了巨大的冲击。从电子货币到虚拟货币、数字货币,整个货币理论体系正在面临一系列的变革。

区块链技术在贸易支付领域的广泛使用将会降低国际支付成本。区块链技术可以使支付环节不再依赖于传统的中介提供信用证明和记账服务,任何金融机构都能利用自身网络接入系统,实现收付款方之间点对点的支付信息传输,而且实时到账。同时,区块链技术全网所有节点共同参与账本维护和记录,节点之间点对点的交易通过用共识算法确认交易,确认之后向全网广播,不需要交易双方之间的联系确认。而且,由于区块链技术的特点,全网不存在起决定作用的关键节点,因此每一个节点都需要按照区块链协议来完成交易记录和确认,规则更加清晰,业务更加连续。在此基础上,所有过往的交易行为和付款信息都可以实现全流程可追溯,从监管的角度来说,成本节约。而且通过智能合约的机制设计,交易的便利化程度和自动化程度进一步得到提高。

具体来说,流通业产业链上下游之间的贸易结算主要是基于货物或服务的流转量或工作量进行计算的,而这些工作量则通常需要第三方组织或机构进行手动记录、认证来增信。在此过程中,尽管身处上游的企业有节省成本的需要,但在目前信任缺乏的机制下,下游企业却没有动力进行配合。区块链通过智能合约可以有效避免上下游企业间的不信任难题。除了最低绩效要求,上下游双方可以商定激励条款,智能合约完全根据实际工作量来自动执行,企业不仅有压力也会有动力做得更好。应用区块链,复杂的服务工作量可以被监测和认证,可以使大量的汇票、订单、服务通知单、收据等相关的文件和数据通过采用具体的编码规则来实现，可以帮助企业追踪业绩、质量和可靠性，大大降低了相关的过程成本。简单地说，就是知道什么人因为什么原因在哪里得到了什么样的报酬，谁是债主，区块链协议明确授权谁在什么条件下去执行。总体说来，用区块链技术可以进行贸易交易的风险管理，降低交易风险，增加交易透明度，提供审计跟踪，并可显著降低交易成本、缩短交易时间。通过区块链技术的应用可以方便快捷地了解交易方的征信，以防控交易风险、提高交易效率。依靠基于区块链的信任体系，交易参与方可以调取对方的真实历史交易数据，准确、客观地判断其风险水平，再根据风险水平来提供定制化交易方案，从而实现对交易过程更有效的管控。随着流通业市场主体的日渐丰富和多元化，市场交易方式将更加灵活和多样，市场交易道德风险增加，交易双方信任沟通成本提高，依靠区块链建立起来的信任系统，交易双方可以调取对方的真实历史交易数据，准确、客观地判断其风险水平，从而实现对交易过程更有效的管控，降低交易成本。

此外，还可以利用区块链不可更改的交易账本，对交易用户进行信用和忠诚度评级，进而提供相应的个性化增值服务，提升服务水平。同时，在跨境汇款类支付结算场景中，难以篡改等特性可增强付款方、转账服务商、银行、收款方等参与主体间的多方信任，并在完成反洗钱与合规检查的过程中提供一致同步的交易状态和结果，提高业务流程效率，降低资金占用成本。在金融信息存证场景中，基于加密算法、点对点网络等技术及分布式、难以篡改、多方协作等特性进行电子存证，有助于实现数据信息的固化、保存及溯源，提高信息的完整性、真实性，增强信息可信程度。在保险核保理赔场景中，信息分布式存储有助于保障信息连续性，且非对称加密等密码学技术可在保护隐私的前提下，提高信息共享程度。在监管科技场景中，利用共识机制及分布式等特性，有助于为监管机构提供实时可信的交易数据记录，改进金融数据报送流程，提升监管效率。

第五章　区块链技术与现代流通业融合发展政策建议

第一节　尽快建立行业应用标准

区块链技术的迅速普及代表了区块链风口的到来，世界范围内各个国家都已经充分认识到区块链技术的应用价值。在此背景下，很多国家不仅出台了相关的政策措施支持区块链技术的应用，而且已经开始了区块链技术应用的行业标准制定工作。

各国政府出台政策助力区块链发展。区块链一直作为新兴产业中的佼佼者活跃，近年来，各个政府对推动区块链技术和应用的发展较为积极，区块链在各国快速发展。美国作为全球最大的经济体和科技创新最发达的国家，对区块链技术持有包容和积极态度。目前比特币交易在日本已经合法化，而且日本的政府还在大力推进金融数字加密货币的应用。俄罗斯对于区块链技术处在探索期，而且由于普京对区块链技术以及虚拟货币态度的转变，在不久的将来，虚拟货币交易和持有预计也将合法化。2016年4月，澳大利亚标准协会针对区块链和分布式记账技术提出全新的国家标准化方案，并提交ISO。国外出台的政策区块链主要以监管为主，但在中国，出台的区块链相关政策多以扶持为主。区块链技术作为一种具有颠覆性的技术体系，目前，全球各国政府都面临监管标准缺失和监管技术不足的问题，中国在区块链监管方面已经走在了前列，并颁布了相应的法规措施，例如，国家互联网络信息办公室发布的《区块链信息服务管理规定》就明确了区块链信息服务提供者的信息安全管理责任，为区块链技术及相关服务的发展指明了方向。因此，专家呼吁区块链从业者要自律，为区块链在中国的健康发展创造良好氛围。在密码协议方面，中国和其他国家都是处在同一个起跑线上，哪个国家先制定标准，就掌握了先机。中国亟须抢先制定物联网、车联网、区块链、国产操作系统等密码协议标准与技术规范。① 由此可见，在区块链技术与现代物流业融合发展过程中，建立流通业的区块链应用标准和规范已经迫在眉睫。2019年11月，国家标准委（SAC）宣布成立一批全国专业标准化技术委员会，围绕区块链技术，国家标准委将加快推动标准化技术组织建设工作，启动区块链和分布式记账技术等一批技术委员会筹建工作，根据国际标准化组织（ISO）的规定，SAC负责监督中国的所有标准化工作。

过去几年以来，区块链技术的标准化制定工作一直在进行。与各国际组织一道的还有世界范围内各个区块链联盟也都开始了区块链技术应用标准的制定中来，区块链技术的标准化进程不断完善。国际标准化组织、万维网联盟、机构贸易支流国际证券协会的欧洲分部等组织都对区块链标准化及其重点方向提出建议，全球区块链标准化进程持续推进。目前，中国区块链的标准化进程处于起步阶段，未来将会不断完善。需要尽快建立统一的行业标准，传统技术条件下，行业标准的确定规则和流程都已经比较成熟，而区块链技术在应用的安全性等方面还不够成熟，还没有业界广泛认可的通用的标准。要充分解决区块链系统的效率问题。在实践当中区块链能不能够得到大规模应用的核心问题还是规模和效率的问题。在链上的节点数量不断增加的情况下，如何保证系统性的性能和处理效率还是一个大问题。例如，由于节点、性能和共识机制等因素，前一阶段比较热的比特币、以太币目前它的处理速度坦率地说和银行的记账系统每秒万亿以上的处理效率相比还是相差非常远。

区块链技术与现代流通业的融合发展是通过区块链、大数据、云计算和物联网等新技术的应用，以实现生产和销售信息共享和要素流动为主要手段，重构现代流通业产业价值链，着力解决传统产业发展中的信息孤岛、信息不对称和交易成本过高等关键问题，从而实现流通业和区块链技术融合持续健康发展。区块链技术应用于现代流通业，应建立相应的行业应用规范和标准，其主要原则有三个。

---

① 2019年12月7—8日，由中国科学院学部主办、中国信息通信研究院等单位联合支持的"区块链技术与应用"科学与技术前沿论坛上，中国科学院王小云院士发言内容。

一是创新引领。区块链技术与现代流通业的融合发展将会导致资源的重新配置,新业态将随之出现,产业链条上下游关系将会重构,这些趋势的出现不仅会颠覆传统的流通经营方式,也会对现有格局产生一定的冲击。坚持创新引领的原则需要我们用包容的眼光面对业态格局的变化。

二是技术推动。近年来,随着大数据、云计算、区块链和物联网等新技术的出现,现代流通业发展迅速,产业业态和经营格局均出现了一些新的变化,在两者融合发展进程中,新技术的应用应该一以贯之,技术推动应该始终成为核心要素,同时,区块链技术在流通业中应用的演化和拓展应该服务于流通业的自身发展。

三是协同发展。区块链技术与现代流通业的融合发展需要双方优势互补和资源合理配置,通过新技术的不断应用和资源重新配置,产业链条内外部资源重新组合,从而实现技术支撑下的健康、快速发展。

区块链技术应用于流通业发展的主要目标有:第一,通过区块链技术的应用,着力解决流通业产业链上游的信息不对称和降低交易成本问题。区块链技术与现代流通业的融合,在产业链上游应以解决信息不对称、降低交易成本为主要方向。从产业链上游的角度来看,传统流通业的生产资料交易普遍存在着信息不对称、交易成本偏高等典型问题,通过区块链技术与现代流通业的融合发展,可以尝试建立具有整合产业链内外信息的开放信息平台,加大各个利益主体数据、信息和交易行为的上链程度,能够显著降低各类流通主体在交易过程中的搜寻成本和交易成本,同时也解决了信息不对称问题,为新型流通主体提供了丰富的信息,增进了市场参与意识。除了交易环节,在产业链上游的业态融合,今后还应该实现从中介组织带动向"去中介化"的转变,与传统流通业产业链条相比,从根本上改变了经销商、生产商和新型经营主体之间的关系。

第二,通过区块链技术的应用,着力解决流通业产业链中游的规模经营、技术质量控制问题。在流通业产业链中游,区块链技术与现代流通业的融合应以解决规模经营难题、实现技术支撑和生产品质监督等方面为主要方向。两者融合过程中可以将大数据、云计算和物联网等技术运用至流通生产领域,建立智能分析、自动控制和精细化管理的智能生产控制系统,能够显著解决传统商品流通过程中的资源耗散、规模经营难以实现、生产监管不易操作和品质控制难以精细化等诸多难点问题,这些问题的解决对于调整现代流通业产业结构、平衡产业和市场的高质量供需矛盾具有重要作用。与此同时，在产业链条的生产环节建立智能化大数据分析系统，也将会有助于实现经营管理要素和生产资料配置的精准化和科学化，这对优化产业链中游资源配置、提升资源利用效率具有直接作用。

第三，通过区块链技术的应用，着力解决产业链下游的渠道共享和体验感不足问题。区块链技术与现代流通业的融合发展，在产业链下游应以解决渠道共享和体验感不足等为主要方向。这个方向主要是要解决传统商品销售环节出现的供应链信息模糊、食品安全追溯体系不透明、消费者信任缺失和体验感不足等多方面问题。通过区块链技术与现代流通业的深度融合，可以借助"互联网＋"的信息技术和网络展示、销售平台，推进销售服务的个性化和透明化，可以有助于让消费者直观体验全品类商品的安全溯源意识，消除时空限制，通过为消费者提供个性消费、便捷消费和放心消费的平台和环境，让消费者了解到商品的生产和流通环节，从而实现绿色消费，可以显著提升下游销售环节的附加值和消费者的认知度。

总之，区块链技术应用具有广阔前景，下一步，要加强对区块链技术的引导和规范，加强对区块链安全风险的研究和分析，密切跟踪发展动态，积极探索发展规律，努力让中国在区块链这个新兴领域走在理论最前沿、占据创新制高点、取得产业新优势。这包括要积极推动区块链技术在教育、就业、养老、精准脱贫、医疗健康、商品防伪、食品安全、公益、社会救助等领域的应用，而要做到这一点，重要的是标准先行。

第二节　完善数字经济监管体制

自中央政治局会议集体学习以来，关于区块链的扶持与监管政策正集中释放。2019年10月26日，十三届全国人大常委会第十四次会议表决通过《中华人民共和国密码法》，将自2020年1月1日起施行。旨在规范密码应用和管理，促进密码事业发展，保障网络与信息安全，提升密码管理科学化、规范化、法治化水平，是中国密码领域的综合性、基础性法律。10月31日，党的十九届四中全会审议通过《中共中央关于坚持和完善中国特色社会主义制度、推进国家治理体系和治理能力现代化若干重大问题的决定》。其中，首次将数据与劳动、资本、土地、知识、技术、管理等生产要素并列参与分配，具有划时代的意义。11月6日，发改委修订发布《产业结构调整指导目录（2019年本）》。值得关注的是，删除了有关"虚拟货币挖矿"的条目。"挖矿"不再被视入严重浪费资源、必须淘汰的类别之列。种种迹象表明，中国已开始为数字经济做制度上的准备。区块链技术让数字经济正从口号变为现实。尤其是首次将"数据"列为生产要素参与分配，标志着以数据为关键要素的数字经济进入了新时代。数字经济最大的优势就是"共识机制"，它是在公开、公正、公平的基础上的一种"自我共识"。而区块链技术的出现，可以改变"数据"的生产关系。当前数字经济刚刚起步，面临着数据不可信、确权难、信息孤岛、利益失衡等痛点，而区块链的核心就在于它能破解"数据"相关的诸多难题。区块链为数字经济的核心技术，是数字经济的基础设施之一。而国家把区块链作为核心技术自主创新的重要突破口，其重要性不言而喻。2019年11月4日，工信部官网发布《对十三届全国人大二次会议第1394号建议的答复》中指出，工信部高度重视区块链等新一代信息技术发展，将加强区块链规划引导，建立健全区块链标准体系，加快推动行业应用落地，推动区块链健康有序发展。从扶持政策内容来看，全国已从技术层、应用层、产业层等方面铺展开来。据统计，全国有9个省（市）政府根据自身条件推出区块链产业基金，总规模将近400亿元。其中，杭州雄岸全球区块链创新基金是全国最早的区块链产业基金。杭州、南京、河南发起的基金项目规模均达到100亿元，是目前规模最大的区块链产业基金。12月5日，中国人民银行发布的《中国人民银行启动金融科技创新监督试点工作》中指出，中国人民银行支持在北京市率先开展金融科技创新监管试点，探索构建符合中国国情、与国际接轨的金融科技创新监管工具。

在建立区块链技术应用标准的同时，还应该加强监管。中国区块链技术仍处于初级探索发展阶段，不仅存在技术性发展难题，同时还存在由于技术约束下的金融监管滞后及监管政策体系方面的发展困扰。因此，在技术层面、法律层面及监管层面均存在风险漏洞。

第一，在技术层面，中国区块链技术面临技术门槛高、缺乏稳定成熟的区块链金融产品的现状，市场认可度不足，难以获得市场利润。具体而言，区块链技术的存储特征导致系统对存储空间要求较高，而每个节点的相同数据存储又导致系统内的数据重复存储进一步消耗存储空间，造成存储资源的浪费。区块链系统处理能力较弱，各节点的交易确认机制使得区块链系统的交易效率较低。例如，目前比特币的交易速度仅每秒 7 笔，而银行的交易速度可达每秒 3.5 万笔。并且随着区块链系统内的参与节点不断增多，将导致区块链 系统的存储容量呈倍数消耗，而交易效率将进一步下降。

第二，在法律层面，区块链金融的"脱法"问题较多，存在诸多监管真空区域及重复监管区域。例如，比特币并不属于国家发行的货币，其发行及产生要脱离中央银行系统，因此存在合法性问题。同时，区块链金融作为一种复合型金融产业，其涉及领域更加广泛且各层级之间较为复杂，并不能通过单一的法律条文对其进行全面监管。例如，比特币涉及《中华人民共和国合同法》《中华人民共和国侵权责任法》《中华人民共和国物权法》《中华人民共和国反洗钱法》等，多种法律之间的应用界限难以区分，极易造成重复监管。而对于区块链金融这类互联网金融产业而言，目前我国仅有《电子 货币业务管理办法》及《关于互联网金融健康发展的指导意见》等行政法规，其监管效力与法律法规难以匹及，且存在许多监管漏洞，无法真正实现区块链金融的风险防范。

第三，在监管层面，中国对区块链金融主要存在监管滞后问题，监管手段较为落后，无法适应区块链技术高速发展的需求，甚至区块链技术的某些特征还与中国目前的金融监管策略思想相矛盾，进一步凸显法律监管问题。例如，区块链技术的去中心化与中国金融监管模式存在矛盾，其金融的去中心化特征虽然在一定程度上可以解决交易信任机制问题，但是却脱离了金融监管部门的掌控范围。同时，区块链金融属于复合型金融业态，业态模式边界不明显，当前监管方式难以适应区块链金融发展需求。区块链发展有两方面，一是国内大规模应用，用区块链赋能经济建设，主要是用联盟链，它的监管相对可控。但是也应该支持公链技术的发展，参与国际竞争。目前虽然区块链监管已经初见成效，2019 年公布了第一批 197 个区块链信息服务备案编号，但是监管的道路还非常长。目前区块链监管技术发展趋势有以下几点：区块链节点的追踪与可视化；联盟链穿透式监管技术；公链主动发现与探测技术；以链治链的体系结构及标准。只有提供了技术解决方案，而且相对可靠，才能在实际中应用。2019 年 10 月 18 日，国家互联网络信息办公室（以下简称"网信办"）发布第二批共 309 个境内区块链信息服务名称及备案编号。在第二批区块链备案项目中，工商银行、航天信息、东方财富、中国银联、恒生电子、爱奇艺、苏宁、华为、阿里云等公司的区块链项目均有披露。自《区块链信息服务管理规定》正式实施以来，网信办依法依规组织开展备案审核工作。根据相关规定要求，备案仅是对主体区块链信息服务相关情况的登记，不代表对其机构、产品和服务的认可，任何机构和个人不得用于任何商业目的。

在明晰概念和研判风险的基础上，区块链技术及其应用的监管问题，可分为现实社会延伸问题及新增问题两类。对于前者，建议首先从现有立法视角入手，尝试将相关技术应用模式纳入现有立法的覆盖范畴，或通过及时修订相关立法拓展法律监管范围，如明确虚拟货币的交易使用仍需遵守反洗钱等相关规定；对于后者，由于产业机构与监管部门间的信息不对称，政策往复的情况时有发生，如泰国、韩国对于虚拟货币、ICO的监管政策曾先后发生颠覆式转变。因此，对于风险尚不明晰的领域，建议保持法律谦抑，通过政策调控适度引导，为产业发展和技术创新保留规则空间。

区块链技术的去中心化将进一步冲击单一化、集中化的法律监管模式，更加灵活、迅速、高效的监管机制亟待建立。如沙箱监管、安全风险评估、信用体系管理以及泄露通知等；同时，多方主体将更加频繁地参与"协同共治"，发挥自律、他律的多重监管效能，推动治理体系和治理能力现代化。一是构建多主体参与的综合治网格局。建立全社会参与、多主体共建的区块链治理体系，在新形势下对新技术的应用采取宽容、审慎的监管态度，探索符合数字产品、服务、技术进出口特点的监管制度，按照发展客观规律，从产品和消费端发力，提高数字要素市场化配置效率。二是提升政府数字治理水平。将新一代信息技术手段广泛运用于监管治理各环节，特别加强大数据在行业管理中的运用。实现高效政府运作与在线业务协同，有效利用政府网站、社交媒体、手机APP、城市服务热线、便民服务终端等多元化手段。三是强化区块链技术应用主题的责任。强化平台企业与政府协作治理机制。充分利用平台积累的消费者评价数据与现有政府管理效果对接来促进管理创新。

第三节　加快技术基础设施建设

习近平总书记在2019年10月中共中央政治局集体学习讲话中肯定了区块链技术的集成应用在新的技术革新和产业变革中的重要作用,强调"要强化基础研究,加强区块链标准化研究,探索建立适应区块链技术机制的安全保障体系"①。区块链基础设施作为对上承载各类区块链应用,对下衔接网络基础设施的核心枢纽,其技术发展和安全保障能力将成为保障区块链生态健康高质量发展应用的重中之重。加快相关安全标准制定,强化对区块链基础设施的安全评估,已成为提升区块链基础设施乃至生态安全的必然所需。

区块链作为一项信息基础技术,凭借其倡导公开、透明、共享的技术优势,在通信、金融、交通、公共事务等重要行业进行了广泛应用探索,未来或将与物联网、人工智能等技术进一步融合,形成关键基础设施中关键一环。未来安全所还将进一步就区块链核心技术和应用的安全保障开展更为深入的研究,加强行业合作,推出区块链基础设施和应用安全系列标准,开展区块链基础设施合规性评测等实践探索,有效防范化解新技术安全风险,推动区块链安全有序高质量发展,助力我国在区块链新技术领域占据领先地位。当前区块链的发展上,国外以区块链基础技术平台(即操作系统,类似于Windows、安卓系统)研发为主,国内则以区块链应用为主。因此,建立中国的国家主权区块链基础平台迫在眉睫。

现在区块链行业正处于从2.0到3.0的过渡阶段,各国实际上加大了对3.0的战略高地的争夺。2.0阶段主要以智能合约为特点,然而区块链发挥大作用的领域在生态和产业,这方面的应用到目前为止还比较少,今后应该可以看到一些应用场景。3.0阶段,谁能抓住操作系统和平台的发展,谁就能在信息技术领域占据很大的优势。类似Windows等操作系统,我们可以在它上面做应用,这种系统是信息交付系统。区块链与之不同,

---

① 《习近平在中央政治局第十八次集体学习时强调把区块链作为核心技术自主创新重要突破口加快推动区块链技术和产业创新发展》,新华网,2019年10月25日。

是一个规则交付系统，具有相当强的扩张性，或者讲是侵略性。这种规则推进到哪里，哪里就要按这个规则来做事，这是区块链技术与 Windows 等系统完全不一样的地方。我国要重视区块链技术，特别是区块链系统和平台的建设，这是接下来一段时间非常重要的一件事。区块链技术很多人在开发，实际上将其拆解后是三个系统：分布式子系统、安全系统、效率系统或可扩展系统，三个系统合起来就是区块链，本质上是一个三元悖论问题。不要小看其中平衡寻优的问题，三元平衡寻优实际上很难解决。之前的二元悖论问题——解决信息对等情况下怎样能够获得最大的收益，全世界用了二十多年时间才解决，拿到了诺贝尔奖，三元悖论问题比二元悖论问题还要难。目前区块链的困境就在于"三元悖论"，即可扩展性、分布式和安全性三者不可兼得，最多得其二；下一代区块链技术的核心是三元平衡寻优问题。另外，共识成本和监管安全也成为了阻碍区块链有效发展的两大难点。中国信通院安全研究所基于 2015 年以来积累的区块链技术和安全性研究经验成果及多个监管部门支撑经验，联合运营商、安全企业、区块链企业和行业协会社会组织，于 2018 年在中国通信标准协会安全防护特设组通过区块链基础设施安全评测类标准立项。区块链基础设施安全评测类标准从网络安全专业角度，明确了区块链基础设施业务服务层、网络层、设备层、物理环境层和管理层安全要求，细化了可操作、易执行、可量化的安全评测指标和方法，为区块链基础平台和服务提供科学化、权威性的安全能力评测规范，促进行业落实区块链基础设施安全保障实践，提升区块链基础设施乃至整个区块链生态的安全性。

在加快区块链技术基础设施建设的过程中，信息上链、数据交互和权限控制将是核心内容。近年来，随着信息化建设及应用的深入，数据的价值在跨领域跨行业的交互共享中体现得越来越明显，而数据类型复杂、标准不一，数据交换缺乏信任源、安全难保障、数据控制权缺失等诸多原因造成数据交换难、共享难。区块链技术凭借分布式信任机制、不可篡改等特性，为数据交互共享提供了机遇，有望打破原有数据流通共享壁垒，提升数据管控能力。数据是在流通、应用中创造价值的，这就涉及"数据共享"和"数据交换"。目前，数据共享模式主要有两种，一是点到点数据交换模式；二是数据集中交换模式。英国的 Dataexchange 和中国香港的 DATAsharing，通过中心平台发表数据和寻找数据，而后进行数据交换和交易。但这些数据服务平台在以下几个方面，存在推动困难：多方利益不协调，传统的数据共享解决方案需要各个数据提供方将各自数据集中汇聚到统一的数据中心。但是在关系对等的组织之间，通过建设统一的数据集中平台实现数据共享很难推动，因为数据中心的主导方会很难界定，任何一方主导平台都会带来其他参与机构的争议或者不满。数据泄露风险高，传统方案中，由于通过第三方平台进行数据交换，可能存在被第三方平台复制、留存、转卖的风险，数据资产权益得不到有效的保障、安全性得不到保证，数据泄露风险高。2018年3月，剑桥咨询利用Facebook平台数据共享的泄露，致使Facebook上5000万用户的数据泄露。数据不可信，随着数据分析应用的深入，数据质量越来越受到关注，数据质量决定了决策质量，间接影响企业竞争力。数据真实性是数据质量最重要的指标，而数据在交换过程中可能被篡改，数据接收方无法判断数据真实性和合法性，数据真实性得不到保证，直接影响数据决策支持的准确性。数据控制权缺失，个人或企业作为数据主体角色缺失，数据在共享及流通过程中很容易被复制，致使数据拥有者失去对数据的控制权。如果不能对数据确权，明确数据的产生者、使用者、管理者及受益者，将严重威胁数据的开放共享程度。

区块链技术以其独有的多重特点在多方主体协作方面具有天然的优势，通过一系列技术的应用和方法创新，为相关行业的业务流程优化、数据交换共享等提供了良好的解决方案。尤其是欧盟《一般数据保护条例》(*European General Data Protection Regulation*，GDPR) 的公布，数据保护的要求越来越高，机构纷纷开始探索利用区块链实现数据流通。多利益主体协作，区块链分布式架构更适合在多利益相关方之间创建可信的共享数据账本，在没有一个"中心化"的权威机构下，可以让多利益主体以多中心化的方式实现数据交互共享。同时，多利益相关方通过协商一致原则制定规范的数据流转模型、价值评估体系、统一的数据格式，接口和传输协议，在保障多利益主体权益的同时，有效解决数据多元异构问题，实现数据的互联互通。数据加密防泄露，区块链的分布式架构可在数据交互参与方之间共享数据账本，在数据交互共享过程中，隐私级别较低的直接上链开放共享，敏感数据采用全加密数据流通机制，基于秘钥共享信息，保证数据的隐私性，采用零知识证明，允许数据拥有者在不透漏数据信息的情况下实现数据共享，有效改善第三方数据中心信息泄露问题。数据可信交互，通过将数据指纹上链，并结合数字签名技术，保证数据真实性和完整性，可以向授权的可信认证机构对数据进行验证和授权并将认证结果上链，达到数据增信的效果。区块链技术解决了端到端的可信价值传递的问题，为更多的参与方创造可信链接，以低成本高效率透明对等的方式提供数据可信共享服务。数据自主可控，企业之间相互独立，各自保存自己核心数据，在企业之间搭建联盟链体系，通过区块链非对称加密技术保证用户拥有数据的主权，通过将授权记录上链，控制数据访问权限，能够破除第三方中心拷贝数据的威胁，保障数据拥有者的合法权益，促进数据流通和信息整合。

国内和国际都在不断探索新技术下的数据交互，一方面是通过加快标准化的研制来抢占主导权，另一方面政府和企业通过实践平台的落地来探索更完善的数据交互方式。从技术标准层面看，W3C分布式数字身份标准工作组正在制定数字身份相关标准，以期实现用户自主授权的数据共享，解决数据在不同平台间不互认，不互通的问题。国际电联ITU-T SG20智慧城市数据焦点组制定了基于区块链的数据管理、数据交换与共享、可信数字身份框架等相关规范，以及智慧城市中数据交互共享。国际标准化组织ISO正在制定关于身份认证和隐私保护的相关标准，探索数据开放共享和隐私保护的边界。从产业层面看，阿里、腾讯等互联网巨头以及政府都在积极布局，打造各自的分布式数据共享平台。阿里打造的Link ID（Internet Device ID），通过为物联网设备提供可信身份标识，实现万物互联和数据交互。微众的WeIdentity提供分布式实体身份标识及管理、可信数据交换的技术解决方案，服务于泛行业、跨机构、跨地域间的身份标识和数据交互。2018年4月20日，21个欧盟成员国签署共建欧洲区块链服务基础设施的协议，为欧盟提供高安全和隐私保护的跨境数字公共服务，包括跨境身份识别，企业跨境数据共享等。

数据控制灵活度不够，各个主体对数据的管理权限和分享策略不同，需要为此设计灵活的权限机制。在目前的解决方案中，或由多主体控制数据或由个人拥有数据的主权，多主体权限控制和管理很复杂，在面对不同应用场景时难以灵活变换，而个人作为数据的掌控者需要明确的分享策略才能更好地操控数据，当前数据控制灵活度还不能满足数据流通需求。技术成熟度不足，区块链在技术上存在局限性，无法承载大数据处理能力，数据全部上链会导致链上操作效率极低、查询速度慢，目前主要解决方式是在数据打包时优化，把近似的数据放在一个块里面，并在块的前端添加块的描述信息，按类查找，在一定程度上提高检索效率。配套法律体系缺失，数据共享领域长期缺乏规范，用户个人数据的范畴需要法律的明确划定，没有明确的法律法规保障支撑，很难确权，数据共享时的授权机制和使用时效，以及新产生数据归属权、数据泄露后的处理都需要法律规定和保护。

目前，基于区块链的数据共享还处于社会实践阶段，在系统稳定性、应用安全性、业务模式等方面都存在不足，为此，还需要加快推进探索基于区块链数据共享工作模式。从政策角度，充分发挥政府引导作用，为基于区块链的数据交互提供良好的政策环境，加快制定基于区块链的数据交互共享指导性文件，鼓励企业探索区块链技术在数据交互共享中的应用，在各行业形成典型数据交互共享解决方案，推进区块链公共基础设施建设。从治理角度，建立协同互信机制，政府部门充分发挥监管职能，通过在本地部署区块链验证节点，提供共享数据验证服务，对数据来源和真实性进行确权，对数据所有权、使用权清晰界定，出台基于区块链的数据确权相关的法律法规，形成区块链应用的良好生态环境。从技术和标准角度，我国应该时刻跟踪区块链技术领域的最新研究成果，密切关注区块链技术的应用进展，以密码学、博弈论和经济学为主要学科开展相关研究，尽快制定我国区块链技术应用推广的技术路线，加紧研究区块规则的最新变化，结合我国实际制定相关技术标准。从产业角度，充分利用政府和行业组织的资源互通优势，联合优势企业、高等院校和科研机构开展合作，共同致力区块链技术的开发、普及和应用。积极推动基于区块链的数据交换共享基础设施建设，探索其在工业互联网领域的应用，促进多主体达成共识，形成高效协作，优化产业结构。

2019年9月，土耳其政府宣布建立一个全国性区块链基础设施的计划，该设施将在公共管理中使用分布式账本技术（DLT）。9月18日，土耳其工业和技术部在安卡拉发布了《2023战略》，阐述了其发展愿景。《2023战略》强调了区块链和分布式账本技术是该部门在接下来几年的工作重点。此外，《2023战略》还提到了来自初创企业Genome的调查，调查将区块链列为增长最快的科技趋势之一，全球区块链初创企业的早期融资增长了近101.5%。《2023战略》中写道，土耳其将建立一个开源的区块链平台。这项计划将分析不同用例，例如土地注册、学术证书和海关等，以确定区块链技术在公共部门的潜在应用。工业和技术部还计划与土耳其监管机构合作，为区块链应用程序创建一个监管沙箱。土耳其各机构一直在各个领域采用区块链技术。8月，伊斯坦布尔区块链和创新中心在Bahceehir大学成立。该中心主任Bora Erdamar说，区块链和创新中心将成为"土耳其最重要的研究、开发和创新中心，所有的科学研究都将使用区块链技术"。① 在本月早些时候，土耳其伊斯坦布尔清算、结算和托管银行Takasbank宣布开放了一个基于区块链的实物黄金交易平台。Takasbank的新项目旨在使用户能够转移存放在伊斯坦布尔证券交易所的实物黄金。

第四节　培养专业人才加大培训

随着区块链技术在全球各行业的迅猛发展，人才供需失衡也成为了行业热点关注问题。据统计，我国目前区块链领域专业人才奇缺，全行业人才缺口达到80%以上，② 整个行业都迫切需要大量专业人才。根据某招聘网站统计数据，全球范围内区块链技术人才总量不多，在该招聘网站的总人才数量占比约为2%，除了技术人员之外，具备基于区块链技术的商业思维、模式开发和应用经验的人才更是少之又少，2019年后，相关人才需求激增，相比2017年人才需求暴增六倍以上，同时区块链领域的人才需求呈现战略型、应用型人才极度匮乏的局面。在区块链领域供需火热的同时，我们还应该注意到，泛区块链领域的人才数量总量增加较快，但是战略型、应用型的人才明显不足，供需两端不平衡现象十分严重。

区块链被认为是"下一代颠覆式创新技术"，其核心优势就是通过去中心化，运用数据加密、时间戳、分布式共识等手段，构建全新信任机制和高效协同机制，从而催生诸多全新的应用场景。习近平总书记在中共中央政治局第十八次集体学习时强调，要把区块链作为核心技术自主创新重要突破口，明确主攻方向，加大投入力度，着力攻克一批关键核心技术，加快推动区块链技术和产业创新发展。③ 当前，该领域人才培养体系尚处

---

① 《土耳其宣布最新战略：打击全国性区块链基础设施》，新浪财经，2019年9月19日。
② 《2018中国区块链人才现状白皮书》。
③ 《习近平在中央政治局第十八次集体学习时强调把区块链作为核心技术自主创新重要突破口加快推动区块链技术和产业创新发展》，新华网，2019年10月25日。

在早期阶段，整体的人才规模和质量目前难以满足行业快节奏的发展需求，如何适应新形势、新任务、新要求，加大区块链的相关领域人才队伍建设，推动该领域的研究、标准化制定以及产业化发展，理应成为重要课题。对于区块链技术应用领域，今后两类人才将成为各个地区、各个行业和各个地方争夺的重点。一是熟练掌握区块链的底层技术，充分熟悉密码学、博弈论、分布式存储等多学科知识，具有较强实践经验的区块链技术系统的平台开发者；二是基于经济学的思维模式，对区块链技术的行业应用进行顶层设计、平台构想和模式应用的实用型人才。这类人才需要具备经济学的基础训练，对商业模式十分熟悉和敏感，对业态融合具有较强的判断力和洞察力，能够快速捕捉区块链行业的落地机会，能够高效地推动区块链技术的落地实施。2019 年上海杨浦区出台了相关人才引进政策，对重点引进的区块链技术专业人才，将给予最高不超过 10 万元的租房补贴，补贴最长时限可达 3 年。① 同时央行数字货币研究所也正在积极招募区块链技术专家，根据中国人民银行公布的就业广告，央行目前正在招聘具有系统架构、芯片设计、区块链开发和应用、加密和安全协议设计专业知识的工程师。不难发现，社会对区块链行业人才的专业度要求越来越高。但是短时期内区块链人才需求量暴增，匹配程度低的现状也难以改变，行业所需的专业人才依旧大量匮乏。

坚持把人才资源开发放在推动区块链技术在产业应用的最优先的位置。区块链技术和产业创新发展前景广阔，但这个领域的科技大师、领军人才、尖子人才尤为稀缺，专业技术人才培养同创新发展实践还有脱节，需要用更大力度实施"人才优先"战略。要准确把握区块链技术发展的现状和趋势，系统梳理区块链技术融合、功能拓展、产业细分不同领域的人才短板，科学分析当下区块链技术行业应用井喷时期人力资源的市场需求和变化趋势，对接厘清与区块链技术和产业创新发展存在的人才数量、结构、培养、储备不匹配、不适应的问题。结合成都实际，研究出台政策，细化具体措施，加强人才队伍建设，建立完善人才培养体系。构建多种形式的高层次人才培养平台，依托在蓉高校、科研院所自主培养区块链技术发展领域人才学术型人才和复合型人才的同时，以更加开放的态度推动国际科技交流，选准优先方向、重点领域、重大项目，吸引海外优秀专家学

---

① 《杨浦区关于推进区块链产业发展的行动计划》，杨浦区人民政府，2020 年 6 月 21 日。

者为全市区块链技术发展服务，用好国际国内两种科技资源，增加急需紧缺和骨干专业人才有效供给，培育一批领军人物和高水平创新团队，打造区块链技术和产业创新发展人才高地。

充分发挥企业推动区块链技术和产业创新发展的主体作用。新技术的应用是企业发展的重要原动力，企业等利益主体应该在前端加大投入，在区块链技术的代码迭代、平台构架和模式应用等方面时刻跟踪业界前沿，敢于试错，勇于尝试，同时也要注意培养区块链技术的人才，注重区块链技术的技术储备，让包括区块链技术在内的新技术应用成为推动企业发展的持续动力，培养与自身企业发展规模相适应的人才队伍，做好配套服务，根据国家和地区政策导向，注意广泛吸引、引进和培育人才的广度和质量，让人才为区块链技术开发、市场运营和产业创新发展"添翼"。适应企业所急所需，整合资源，畅通渠道，构建高效强大的区块链共性关键技术供给服务体系，提供有力度、有精度、有温度的服务，实现企业与科研机构的高效对接，深化产学研合作，加快区块链技术科研成果在企业转化和推广应用。继续优化企业创新发展环境，促进人才链与创新链、产业链、资金链、信息链深度融合，把人才优势转化为发展优势，拓展和深化区块链技术商业应用，利用区块链技术探索数字经济模式创新，不断增强数字经济对发展的推动作用，加快新旧动能接续转换，推动经济高质量发展，增进民生福祉。

切实加强提高运用和管理区块链技术能力的培训。区块链技术发展是一个系统工程，涵盖领域广、参与主体多、政策性很强，提高运用和管理区块链技术能力，需要具有新思维、新理念、新知识。要综合运用多种方式方法，加强培训工作，学习领会区块链技术推动社会进步的深刻意义，同时将区块链技术与大数据、云计算和人工智能等新技术的融合，充分认识新技术应用对产业创新的重要意义；学习了解区块链正在成为全球技术发展的前沿阵地，区块链技术和产业创新发展国际竞争态势、国内分工布局、成都面临发展机遇和挑战；学习知晓区块链作为一种由多方共同维护，使用密码学保证传输和访问安全，能够实现数据一致存储、难以篡改、防止抵赖的记账技术，也称为分布式账本技术的主要特点和应用范围。在此基础上，围绕区块链技术和产业创新发展六个方面内容，开展专题培训。即抓住区块链技术融合、功能拓展、产业细分的契机，发挥区块链在促进数据共享、优化业务流程、降低运营成本、提升协同效率、建设可信体系等方面的作用；推动区块链和实体经济深度融合，解决中小企业贷款融资难、银行风控难、部门监管难等问题；利用区块链技术探索数字经济模式创新，为营造高效、优质的亲清营商环境和政商环境提供重要的动力支持，为推进中国深化改革的战略部署和实现新旧动能转换提供可靠支撑；探索"区块链+"在民生领域的运用，积极推动区块链技术在教育、就业、医疗健康、商品溯源、养老、精准脱贫、食品安全、公益慈善等领域的应用，为广大人民群众提供更加便利、快捷和优质的公共服务；推动区块链底层技术服务和新型智慧城市建设相结合，探索在信息基础设施、智慧交通、能源电力等领域的推广应用，提升城市管理的智能化、精准化水平；利用区块链技术促进城市间在信息、资金、人才、征信等方面更大规模的互联互通，保障生产要素在区域内有序高效流动；探索利用区块链数据共享模式，实现政务数据跨部门、跨区域共同维护和利用，促进业务协同办理，深化"最多跑一次"改革，为人民群众带来更好的政务服务体验。通过专题培训，将提高运用和管理区块链技术能力落到实处，体现到创新工作方法、提高服务效能中，让区块链技术越来越普及、普惠，让人民享受更多技术红利，创新发展更加绚丽多彩。

区块链技术人才的稀缺与火热的行业已经形成鲜明对比，人才匮乏亦是成为制约区块链行业发展的主要瓶颈之一。人才储备无疑是区块链产业发展的重中之重。对区块链人才的需求越来越大，培养区块链技术人才显得刻不容缓。一是高校要加大区块链技术人才培养力度。把区块链技术人才培养纳入到高校教育的范畴，从技术、教学、研究三个方面进行布局，加大力度推进区块链技术的普及和应用发展。市场需求的极端匮乏，自然会聚集供给侧前瞻者的目光。目前，国内包括清华大学、北京大学、上海财经大学等高校在内的近30所高校明确设立区块链相关课程或开设相关培训班。二是区块链行业相关龙头企业要注重加快区块链技术的人才梯队建设，随着区块链风口的到来和区块链技术的行业应用时代的到来，企业数量不断增加，人才需求激增，培育建立市场导向型的应用型区块链技术人才体系显得尤为重要。三是鼓励技术人员自学。由于区块链技术处于快速变化之中，鼓励相关技术人员不断加强学习，改善知识结构，适应区块链技术发展的需要。人才是第一资源，创新是第一动力。区块链代表着互联网的未来，区块链技术具有划时代意义，目前还处于发展的早期，我们要尽早布局区块链技术人才培养，为抢占区块链发展的制高点，区块链技术的广泛应用打下扎实的人才基础。

第五节 培育技术应用龙头企业

　　随着区块链风口的到来，区块链技术的广泛应用已经迫在眉睫。当前流通业的信息化建设已经具备较高水平，多重数据和多流信息如何融合，通过融合发挥更重要的作用，已经成为流通业发展中的重要课题，此类问题的最终解决需要流通业区块链技术的龙头企业进行不断摸索，反复验证，从技术层面予以解决。需求在线，销售在线，产品设计在线成为信息化建设的新要求，数据需要实时支撑业务的需求越来越受到企业的重视。数据从内部互联到产业互联势不可挡。数据在产业上下游互联之际，产业的龙头企业更是希望大数据平台能够汇集产业智慧、群体智慧和专家智慧。利用大量的商业经营被AI扁平化的复用技术，借力产业数据链接，产业数据管理，产业数据价值挖掘，驱动产业链上下游的企业从原来的组织规则流程创新，驱动到数据算法导向的业务驱动变革。通过数据让企业的终端客户、合作伙伴、上下游供应商、竞争对手和自身员工，利用互联的信息平台，相互协作建立产业互联网，构建产业协同创造创新的新生态。在大数据和云的时代，成为产业里面的BAT，从而引领行业发展。

　　对龙头企业而言，拥有构建数据生态，驱动产业变革的先机。第一，龙头企业有大量的产业数据，有天然的自我颠覆的优势。第二，龙头企业掌握了大量的产业链人力、物力、财力资源，通过数据化转型向内而生，自我进化。第三，产业龙头企业资本雄厚，通过投资并购外延式发展，形成产业链集群，协同作战，构建新的产业航母。因此，龙头企业有机会构建产业互联网，可以再次成为龙头，继续领跑。这样就减少了产业资源浪费（主要是无谓的竞争和业务迁移），也有利于加快产业的发展与变革，对于整个产业来说应该是件好事。产业的龙头企业应该承担产业数据生态构建重任。主要包括：构建产业数据开放共享平台，进行产业研究成果转化，建立产业大数据产品体系，建立产业数据产品的样板工程，建设产业的数据加工园区，产业数据展示中心，线上线下平台。同时还需要建设：产业数据标准制定，产业数据应用法律法规的制定，产业数据生态文明建设，产业数据生态伦理，道德标准，防止其他产业以数据为资产入侵，保证产业链上下游的相对安全。最后促进产业经济智慧发展。数化万物，智在融合，数据融合在云端，价值在云端释放，产业大数据的开放共享是智慧产业的土壤。具体说来，有两个方面：第一，建立产业数据共享与分析平台。从价值上描述，打造线上的数据分析云平台，实现产业数据的沉淀、业务理解、核心算法积累。成为产业数据价值驱动产业变革的核心平台，在平台上为企业提供数据技术，数据产品，数据应用，成为有大数据生态的行业业务作战指挥平台。从功能上描述：分析企业的数据分析为诉求，建立产业数据库，从数据的采取开始，围绕数据传输、存储、合并处理、发布展示等多个环节着手，实现数据信息之间的效用最大化，让数据在产业链上下游自由的流动，助力产业转型升级。第二，建立产业 SAAS 平台，战略布局产业的业务操作系统，及产业 SAAS 平台（但这个平台需要数据互联），重新定义销售模式、深度参与产业的业务管理，推动数据产业链接，跨域流动，帮助产业核心企业转型升级（包括自身），赋能产业数字化转型升级，最终希望构建一个业务融合，产业数据拥有方，参与方，服务方共同繁荣的产业数据流通生态。第三，建立产业 API 服务平台。产业龙头在自身区块链技术应用的实践探索之外，还可以将自身成熟的经验和技术平台进行输出，从区块链技术平台的角度利用数据 Web API 技术，将自身在区块链领域应用的管理经验、维护经验、数据整合和数据挖掘等经验作为 API 服务对外输出，发挥商业价值，这包括各种数据资产和业务能力，企业的人财物产供销和各种信息都可以，也可以用互联网信息联网的方式对外开放，以数字化方式搜索发现，管理控制，并进一步形成可以价值交换的流动市场，创造一种新的 API 经济模式。API 大卖场就好比能力卖场，但同时为了保持能力的竞争力，龙头企业需要世界参与业务，不同级别的 API 对外输出不同的能力等级，也有不同的价格等级，包括但不限于：以模块化的方式被其他相关人员理解和应用；可以从技术层面被其他程序、客户端和互联网接口所调用；企业以自身的管理经验和区块链使用条件等都可以开放为 API。

自 2016 年开始，随着区块链技术日益受到关注和其他国家区块链技术的逐渐落地应用，中国各级政府对区块链技术的重视也与日俱增，中央层面的关注和重视，也是各个地方政府的发展风向标。截至 2019 年，多个地方政府都出台了区块链技术应用的相关支持政策，区块链技术的应用已经箭在弦上，相信很快其他地方政府也都会出台相关文件和政策。2019年11月，重庆市正式推出《重庆市经济和信息化委员会关于加快区块链产业培育及创新应用的意见》，该意见纲领性的对重庆发展区块链技术提出了产业发展的总体思路和目标任务，与此同时还要面向国内外引进区块链相关领域的领军人才。重庆希望到2020年能够打造2—5个区块链产业基地，引进和培育区块链国内细分领域龙头企业10家以上、有核心技术或成长型的区块链企业50家以上，引进和培育区块链中高级人才500名以上，努力建成中国重要的区块链产业高地和创新应用基地。这是截至目前最有力度的地方政府关于区块链发展的愿景展示，该意见同时还列举了未来在重庆地区区块链技术在金融、供应链、制造业、社会公益、公共服务等多个领域的应用场景和具体举措。如支持利用区块链技术公开、透明、不可篡改的属性，推动区块链在跨境支付、保险理赔、证券交易、票据管理等金融领域的典型应用；支持区块链交易可追溯等技术运用于商品生产和分配涉及的所有环节；支持将公益慈善事业中的捐赠项目、募集明细、资金回流、受助人反馈等存放于区块链上。11月15日，重庆市经信委发布《关于进一步促进区块链产业健康快速发展有关工作的通知》，提出通过加大区块链企业引进培育力度、推进重点领域区块链技术示范应用等，大力推动重庆市区块链产业发展。根据该通知，在产业布局方面，重庆市将指导重庆市区块链产业创新基地（渝中）创建国家级区块链产业示范点，鼓励各区县结合自身实际发展区块链产业，避免同质化竞争。在产业招商及产业培育方面，将瞄准国内外区块链领域龙头企业、知名企业，支持其在渝设立研发中心、项目总部等；培育本地具有核心竞争力的企业，建立重庆市区块链重点企业培育库和产业联盟，形成一批有影响力的区块链创新成长型企业。同时，围绕智慧城市、智慧医疗、智能制造等领域，加大区块链技术研发投入，实现区块链技术应用场景落地，围绕政府管理、金融服务、智慧养老等领域继续开放一批应用场景，推动区块链技术与传统产业和战略性新兴产业深度融合。另外，我市还将逐步建立区块链标准研究院、区块链专家库和项目库、区块链产业发展引导基金、区块链产业人才培训基地等，培育区块链产业生态体系。

加大双创的支持和培育培育力度，积极对接区块链技术和应用的优势企业，推进集群发展，构建由平台型龙头企业、技术型创业创新企业、应用型信息服务企业构成的企业梯队和产业生态。一是加快培育技术型创业创新企业，鼓励有技术储备的创新团队和公司创办区块链企业，加快区块链技术与云计算、大数据和人工智能的协同发展和交叉研究，就某些区块链技术应用中的关键技术和平台建设问题进行专题攻坚，突破关键技术，培育技术型融合创新企业。二是培育壮大应用型信息服务企业，深度结合产业特色优势，挖掘一批区块链应用场景，支持应用服务企业开展区块链应用业务，做精做深做优产品和服务，并向市外推广和服务。三是培育扶持区块链技术和应用相关的优势企业，加大力度引入区块链技术与应用等相关产业的优势企业，积极培育扶持成长潜力大、发展态势好的区块链平台型企业，支持发展壮大，培育区块链领域的独角兽企业，并发挥区块链技术与应用领域龙头企业的带动和示范作用，推动全行业健康快速发展。

各级地方政府对培育和引入区块链技术的龙头企业做出了最充分的准备。2018年广西壮族自治区政协委员联合提出《关于加快引进和培育区块链产业的建议》（以下简称《建议》），《建议》也是区块链技术应用愈发普及背景下的前瞻性提案。《建议》希望广西能够抓住区块链当下的发展机遇，将广西建设成为区块链相关产业的战略高地。《建议》提出，广西应确定区块链发展战略，加快引进和研发区块链技术，设立区块链产业发展基金，为区块链产业落户广西创造良好的营商环境。《建议》分析认为如果实施区块链战略，不仅会给广西带来新的产业、资金和人才创新团队，而且通过拉动上下游产业链，形成产业应用的聚集效应，还将为广西加快供给侧结构性改革和推动产业转型提供重要的动力支撑。贵州省关于区块链技术的支持和区块链行业龙头企业的关注同样值得注意。贵州省从2016年开始探索区块链技术，当年12月31日贵阳市发布《贵阳区块链发展和应用》白皮书，2017年印发了《关于支持区块链发展和应用的若干政策措施（试行）的通知》（以下简称《通知》）。《通知》从主体支持、平台支持、创新支持、金融支持、人才支持等方面详细列举了对符合要求的区块链企业、机构及个人的奖励政策。其中，在主板上市的区块链企业会获得1000万元的奖励。浙江省也不甘落后，2019年11月，浙江省的中国杭州国际区块链产业园正式签约。预计到2020年，产业园将引进培育区块链国内外细分领域龙头企业20家以上、有核心技术或成长型的区块链企业50家以上，区块链企业总数达到200家，引进和培育区块链中高级人才600名以上，小镇内区块链人才达到2万人。

参考文献

丁俊发：《改革开放 40 年的中国流通业》，《商业经济研究》2018 年第 24 期。

付慧莲：《互联网背景下流通供应链整合研究》，《商业经济研究》2017 年第 6 期。

依绍华：《从发达国家消费发展规律看中国消费变化走势》，《价格理论与实践》2018 年第 10 期。

依绍华、许贵阳：《进一步提升消费对经济发展的作用》，《中国国情国力》2018 年第 11 期。

王秀梅：《"互联网+"环境下农产品现代流通体系构建创新研究——以广东省为例》，《农业经济》2018 年第 2 期。

杨春梅、李威：《"互联网+"视阈下黑龙江省对俄农产品贸易流通状况研究》，《商业经济》2018 年第 2 期。

何智娟：《"互联网+"下商品流通渠道的创新与拓展》，《商业经济研究》2018 年第 4 期。

解鹏程：《产业结构调整、商贸流通业发展与经济增长的关系研究》，《商业经济研究》2018 年第 2 期。

赵霞、万长松、宣红岩：《低碳约束下中国流通业效率的区域差异——基于三阶段 DEA 模型的测算》，《北京工商大学学报》（社会科学版）2018 年第 5 期。

李湘滇：《电商消费影响商贸流通效率的实证分析——基于自回归分布滞后模型检验》，《商业经济研究》2018 年第 8 期。

文启湘：《流通改革 40 年经验教训若干思考》，《商业经济研究》2018 年第 13 期。

余刚：《基于双向流通的涉农电商发展模式及策略》，《商业经济研究》

2018年第1期。

郭媛、梁丽梅：《流通服务效率对我国宏观经济影响研究——基于超边际分析框架展开》，《商业经济研究》2018年第7期。

张钟月：《流通业对区域经济发展的影响——基于专业化分工视角》，《商业经济研究》2018年第11期。

韩丽娜：《我国农产品流通的现状、困境与出路》，《农业经济》2018年第4期。

马龙龙：《中国流通改革40年成功经验》，《商业经济研究》2018年第18期。

邹剑峰：《商贸流通与区域经济发展的关系及影响路径》，《商业经济研究》2018年第20期。

吕靖烨、丁周香：《我国传统流通业技术进步贡献率评价》，《价格月刊》2018年第3期。

朱燕萍：《探讨区块链技术在"一带一路"区域物流领域的应用》，《中国物流与采购》2019年第23期。

王青兰、谷奇峰、曲强：《区域合作治理的困境与突破——基于区块链物流技术的治理模型》，《物流技术》2019年第38期。

索 引

（按音序排列）

B

不可篡改 9，10，13，14，19，20，25，34，58，63，65，68，71，75，81-83，86，89-91，107，117

C

成本可行性 29

F

分布式账本 8-10，15-19，24，25，29，65，68，76，78，83，88，89，110，113
风险分担 65
风险可行性 33
辐射作用 47

G

改革发展 57，58
供应链 20，23，29，40，46，50，51，62，72，83-87，96，97，102，117
共识机制 8-11，15，18，19，25，30，32，34，79-81，84，87，91，98，100，103
国家战略 24，31，56，67

J

技术可行性 25，26，28
技术支撑 22，60，63，101
监管体制 102

L

流通业 10，21，36-63，65-77，83-86，88，89，91，95-102，115

N

龙头企业 72-74，114-118

M

贸易支付 97

Q

企业融资　54，85，91-93，95，96
区块链技术　1，4-11，13，14，16-37，56-91，94-118
去中心化　3，5，6，8-10，15-19，25，29，31，32，58，63-65，68-70，72，75，77-79，83，89，104，105，111

S

商品溯源　20，82，90，114
市场自发　66-69
数字经济　32，37，62，83，102，103，113，114

X

信息孤岛　50-52，58，60，71，89，91，100，103
信用体系　24，48，53-55，58，62，85，92，93，105
行业带动　74

Y

要素配置　41，48，49，55，58-60
应用标准　63，99，100，103

Z

政府推动　31，61，62
组织程度　52
组织可行性　31

第九批《中国社会科学博士后文库》专家推荐表1

《中国社会科学博士后文库》由中国社会科学院与全国博士后管理委员会共同设立，旨在集中推出选题立意高、成果质量高、真正反映当前我国哲学社会科学领域博士后研究最高学术水准的创新成果，充分发挥哲学社会科学优秀博士后科研成果和优秀博士后人才的引领示范作用，让《文库》著作真正成为时代的符号、学术的示范。

推荐专家姓名	依绍华	电话	
专业技术职务	研究员	研究专长	流通理论与实践
工作单位	中国社科院财经战略研究院	行政职务	流通研究室主任
推荐成果名称	区块链技术与现代流通业融合发展研究		
成果作者姓名	许贵阳		

（对书稿的学术创新、理论价值、现实意义、政治理论倾向及是否具有出版价值等方面做出全面评价，并指出其不足之处）

该项研究围绕区块链技术与现代流通业融合发展开展研究。从现代流通业的地位和作用、规模和质量以及流通业的辐射带动作用出发，对现代流通业进行了全面总结，在分析区块链技术的技术原理和应用特点基础上，对区块链技术产业应用过程中的技术、成本、组织和风险等方面的可行性进行了研究，提出了区块链技术与现代流通业发展的耦合因素，讨论了区块链技术与现代流通业融合发展的动力来源、机制设计和路径分析，同时也对供应链重构、商品追溯体系建设、流通主体融资和贸易支付结算等现实问题进行了研究探索，最终提出了相应的政策建议。

该项研究围绕现阶段我国流通业发展的重大实践问题展开研究，具有坚定正确的政治立场，同时具有鲜明的创新性和重要的现实意义，在研究过程中研究目标明确，针对性较强，结构合理，内容翔实，预期成果较为丰富。具有较高的出版价值。

不足和建议：区块链技术的应用属于前沿课题，后续可以以子课题形式继续开展针对流通业现实具体问题的拓展研究。

签字：依绍华

2019 年 12 月 29 日

说明：该推荐表须由具有正高级专业技术职务的同行专家填写，并由推荐人亲自签字，一旦推荐，须承担个人信誉责任。如推荐书稿入选《文库》，推荐专家姓名及推荐意见将印入著作。

第九批《中国社会科学博士后文库》专家推荐表 2

《中国社会科学博士后文库》由中国社会科学院与全国博士后管理委员会共同设立，旨在集中推出选题立意高、成果质量高、真正反映当前我国哲学社会科学领域博士后研究最高学术水准的创新成果，充分发挥哲学社会科学优秀博士后科研成果和优秀博士后人才的引领示范作用，让《文库》著作真正成为时代的符号、学术的示范。

推荐专家姓名	祝合良	电话	
专业技术职务	教授、博导	研究专长	流通产业
工作单位	首都经济贸易大学	行政职务	中国流通研究院院长
推荐成果名称	区块链技术与现代流通业融合发展研究		
成果作者姓名	许贵阳		

（对书稿的学术创新、理论价值、现实意义、政治理论倾向及是否具有出版价值等方面做出全面评价，并指出其不足之处）

  区块链技术的落地应用问题是我国深化改革时期需要研究面临的重要课题，该项研究从区块链技术在现代流通业的落地应用着手，提出了系统性的区块链技术的行业应用研究框架，研究分析了区块链技术特点和流通业的发展态势、规律，对两者的耦合度进行了分析研究。同时在动力来源、机制设计和路径分析方面提出了自身的见解，在落地应用方面，该项研究围绕供应链重构、商品追溯、企业融资和支付结算等方面提出了具体的对策，最后提出了相应的政策建议。

  该项研究属于创新型应用研究，具有较好的学术创新，具备较高的理论价值和实践价值，研究针对性较强，对流通业的发展来说现实意义重大，作者政治立场坚定，研究范式符合学术规范，具有较高的出版价值。

签字：祝合良

2019 年 12 月 29 日

说明：该推荐表须由具有正高级专业技术职务的同行专家填写，并由推荐人亲自签字，一旦推荐，须承担个人信誉责任。如推荐书稿入选《文库》，推荐专家姓名及推荐意见将印入著作。